KB092448

RealTime

149

데이터를 부탁해

세상을 움직이는
데이터의 힘

전익진 지음

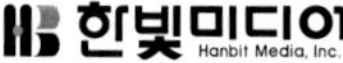

본문에 나오는 일부 구성은 필자가 사실을 바탕으로 이해를 돕기 위해 재구성하고 각색한 것으로 사실과 다를 수 있음을 미리 밝힙니다.

데이터를 부탁해

초판 1쇄 발행 2019년 4월 8일

지은이 전익진 / **펴낸이** 김태헌
펴낸곳 한빛미디어(주) / **주소** 서울시 서대문구 연희로2길 62 한빛미디어(주) IT출판사업부
전화 02-325-5544 / **팩스** 02-336-7124
등록 1999년 6월 24일 제25100-2017-000058호 / **ISBN** 979-11-6224-877-5 13000

총괄 전태호 / **기획·편집·교정** 조수현
디자인 표지, 내지 신종식 / **조판** 김미현
영업 김형진, 김진불, 조유미 / **마케팅** 송경석, 김나예, 이행은 / **제작** 박성우, 김정우

이 책에 대한 의견이나 오탈자 및 잘못된 내용에 대한 수정 정보는 한빛미디어(주)의 홈페이지나 아래 이메일로 알려주십시오.
잘못된 책은 구입하신 서점에서 교환해 드립니다. 책값은 뒤표지에 표시되어 있습니다.
한빛미디어 홈페이지 www.hanbit.co.kr / **이메일** ask@hanbit.co.kr

지은이 소개

전익진 plusstar75@naver.com

서울과학기술대학교에서 기술경영 분야의 키워드 분석과 연구개발 사업의 성과평가 모형을 연구해 공학박사 학위를 받았다. 현재 Y사 공급기획부서의 데이터 분석가로 근무 중이다. '알기 쉬운 데이터 분석', '변화와 혁신의 새로운 전략-데이터분석', '기업의 지속성장 동력-빅데이터' 그리고 '버려지는 기업 데이터를 가치로 연결하라' 등의 주제로 많은 강의와 강연을 하고 있다. 데이터 인문학이라는 새로운 개념을 모토로 데이터 분석과 빅데이터 분야의 보편화를 위해 노력 중이다.

프롤로그

「하버드 비즈니스 리뷰」 2012년 10월호에 실린 한 글에서는 데이터 과학자Data Scientist가 21세기 가장 섹시한 직업이라고 소개했다. 참 누가 이름을 붙였는지 꽤나 거창한 직업명이다. 데이터 분석을 업으로 하는 나로서는 매우 유쾌한 소식이 아닐 수 없다. 실제로도 소위 잘나가는 기술로 인정받아 여기저기 찾는 곳도 많다.

우리가 흔히 말하는 과학자는 사전적으로 '이론적 또는 실험적 연구를 통해 과학지식을 탐구하는 사람'이라고 정의한다. 즉, 특정 분야를 논리적 시각에 입각해 연구하는 사람을 의미한다. 이런 의미로 해석하자면 데이터 과학자는 데이터라는 실체를 논리적으로 연구하는 사람이어야 한다.

그러면 나를 데이터 과학자라 부를 수 있을까? 나는 데이터 자체를 연구하지는 않는다. 아마도 저 명칭은 분야와 상관없이 데이터를 수집, 설계, 분석, 가공하는 일련의 작업을 진행하는 사람들을 아우르는 큰 의미의 개념일 것이다. 나는 데이터 과학자라는 용어가 썩 마음에 들지는 않는다. 데이터는 그 누구의 소유물이 아니며 데이터 분석 없이 살아가는 사람도 없다. 경험에 의한 시행착오 역시 훌륭한 데이터가 된다. 단, 그 분석의 깊이가 다를 뿐이다.

하버드의 마이클 샌델Michael J. Sandel 교수가 쓴 『정의란 무엇인가』라는 책이 선풍적인 인기를 끌었다. 그래서 나도 비슷한 질문을 던져본다. 데이터란 무엇인가?

얼마전 단국대학교 서민 교수의 『서민의 기생충 콘서트(을유문화사, 2016)』라는 책을 읽었다. 책이 너무 맛깔나서 기생충에 '충'자도 모르는 내게는 소중한 지식을 전한 귀한 책이었다. 어라, 근데 이 기생충! 왠지 내가 다루는 데이터와 많은 것이 닮았다. 데이터와 기생충은 과연 어떤 점에서 연관성이 있을까? 몇 가지만 살펴보자.

첫째, 기생충이든 데이터든 혼자서는 할 줄 아는 것이 아무것도 없다. 기생충의 핵심은 숙주다. 우수한 숙주를 만나야 기생충은 번식이라는 큰 뜻을 이룰 수 있다. 데이터도 훌륭한 숙주를 만나야 큰 가치를 전달할 수 있다. 그런 의미에서 데이터에게 절대적인 숙주는 사람이다. 데이터는 누구에게 분석되고 해석되느냐에 따라 결과를 달리하는 매우 유연한 무생물이다.

둘째, 기생충도 데이터도 동서고금을 막론하고 어디에든 존재한다. 전 세계 방방곡곡, 과거, 현재, 미래를 초월해서 존재한다.

셋째, 기생충과 데이터 모두 좋은 것과 나쁜 것이 있다. 데이터는 누군가에게는 밝히고 싶지 않은 진실일 수도 있고 또 다른 누군가에게는 인생 역전의 만루홈런을 안겨줄 기회일 수도 있다.

마지막으로 기생충과 데이터는 생김새가 모두 다르다. 많고 적음의 양적인 측면뿐 아니라 유형과 구조 등 그 형태가 다양하다.

그래도 '어떻게 생물과 무생물이 같을 수 있어? 억지로 끼워 맞추기야'라고 치부하는 분들도 있을 것이다. 그래서 굳이 다른 점을 찾자면 기생충은 생물이기에 수명이 있지만 무생물인 데이터는 수명이 없다. 데이터는 오늘 활용되고 내일 활용돼도 무한반복으로 사용할 수 있다. 그래서 진실은 그것이 좋은 쪽이든 나쁜 쪽이든 언젠가 밝혀지기 마련이다.

이 책의 목적을 이야기해 보자. 사실 데이터는 일반적인 학문처럼 연구대상이 될 수 없다. 우리가 데이터라고 하면 떠올리는 통계학을 비롯해 최근 빅데이터 열풍을 타고 우후죽순 생겨난 데이터정보학이나 데이터과학 또는 인문학에서 다루는 문헌정보학 등은 모두 데이터를 다루는 방법과 도구를 연구하는 학문이다. 아니 정확하게는 모든 학문은 데이터 없이 연구가 불가능하다. 데이터는 이를 다루는 분야에 따라 다양하게 분석되기 때문에 모든 분야의 데이터 특성을 연구하는 것 또한 불가능하다.

나 역시도 기술경영 분야의 데이터를 분석하는 한 부분만을 연구하고 공부했을 뿐, 이 세상의 모든 데이터를 두루 섭렵하진 못했다. 이 책에서 모든 유형의 데이터 또는 그 분석을 이야기하고자 하는 것이 아니다. 다만 데이터를 통해 발현된 수없이 많은 직업군과 인연이 없는 대다수 사람이 쉽게 이해하고 공감할 수 있는 이야기를 하고 싶다. 왜냐고? 우리는 빅데이터 시대에 살고 있지 않은가.

명함을 건넬 때마다 내 명함을 받은 사람은 어김없이 묻는다. "구체적으로 뭘 하는 거죠?" 참으로 난감하다. 나는 뭘 하는 사람일까? 나도 궁금하다. 데이터를 다루기는 한다. 그런데 설명이 그리 쉽지 않다.

"그러니까 저는 데이터를 수집하고 가공 처리해 일정한 데이터 분석 기법을 적용하고 분석한 후 도출된 결과를 해석해 가치를 창출하는 일을 합니다." "아무튼 데이터 분석을 하신다는 거죠?" "네, 뭐 그런 셈이죠."

우리는 데이터 홍수의 시대에 살고 있다. 이건 누구나 부인할 수 없는 현실이다. 빅데이터라는 신조어와 함께 파도를 타기 시작한 이 세계적인 현상은 개인의 삶까지도 분석 대상으로 취급할 정도다. 데이터 분석은 전문가의 영역으로 치부된다. 누구나 쉽게 범접할 수 있는 영역은 분명 아니다. 전문가 집단 또는 전문 기업에서나 다룰 법한 특수한 분석 기법을 우리 모두가 알 필요는 없다. 그러나 중요한 것은 이러한 복잡한 분석 기법을 적용하는 것보다 어떤 대상을 분석해야 할지를 판단하고 대상과 내 수준에 맞는 분석 기법을 선택하는 능력이다. 무슨 일이든지 알아야 지시도 하고 알아야 흥미가 생긴다.

이 책에서는 수학 공식도, 통계 기법도, 알고리즘도 최대한 배제했다. 이를 기대했다면 이 책을 선택하지 않는 것이 좋다. 이 책은 데이터 분석에 대한 보편적인 이해와 누구나 데이터 분석과 가까워지기를 바라는 마음에서 썼다. 너무 어렵다는 편견과 그들만의 이야기라는 오해를 조금이라도 줄여보고 싶었다. 데이터 분석도 인문학으로 접근해 보자는 취지다. 그래서 데이터를 분석하는 과정은 복잡해도 결과를 효과적으로 활용하는 방법은 간결하고 쉽게 전달하려 했다. 전달하는 사람도 결과를 보고 받는 사람도 이 분석이 왜 수행되고 얻고자 하는 가치가 무엇인지를 미리 알고 있다면 결과를 쉽고 간결하게 만드는 데 도움이 되기 때문이다.

기업, 학교 또는 그 어떤 기관이라도 조직 내에서 각자가 맡은 업무와 할 일이 모두 다르다. 또한 본인이 담당하는 영역 이외에 영역을 포괄적으로 이해하고 학습하기도 어렵다. 데이터 분석 영역이 지금 우리가 느끼고 인지하는 것처럼 전문적이고 특수한 영역이라면 일반적인 조직의 다른 영역보다 더욱 이해가 어려울 것이다.

그런 의미에서 어떤 조직이 데이터 분석 전문가를 뽑고 그로부터 유의미한 정보와 지식을 원하지만 충분히 만족할 만한 결과를 얻지 못했다면, 그 원인은 조직 구성원들이 바라보는 관점과 이해가 다르기 때문일 수 있다. 문제를 바라보는 관점이 통일돼야 결과의 효용 가치가 충분히 높아진다. 데이터 분석 역시 그들만의 리그가 돼서는 안 된다. 모두가 이해하고 인정하는 보편적인 영역이 돼야 더욱 발전하고 더 전문적인 영역으로 인정받을 수 있다.

일반적으로 가장 전문적이고 특수하다고 생각되는 의사와 법률가를 생각해 보자. 이 분야의 업무는 절대적으로 특수하고 너무나 전문적인 그들만의 리그다. 그러나 우리가 이를 거부하지 않는 이유는 그들이 우리 일상에 다가오려는 많은 시도가 있기 때문이다. 그들은 끊임없이 미디어에 등장해 아주 쉬운 이야기로 우리를 설득하고 그들의 영역에 대해 이해를 구한다. 최근 많은 관심을 받는 인문학도 비슷하다고 본다. 그래서 데이터 분석의 영역도 친근하게 다가가야 한다. 일반인들이 쉽고 거부감을 갖지 않도록 말이다. 내가 이런 이야기를 하면 혹자는 이런 질문을 던진다.

'의사나 법률가는 우리 생활에 밀접하게 관련이 있잖아. 소위 우리의 가려운 곳을 시원하게 긁어 주거든. 근데 데이터 분석? 뭐 그런 것까지 내가 알고 살아야 되나?'

전적으로 동감하는 이야기다. 데이터 분석을 몰라도 살아가는 데 아무 문제가 없었다. 적어도 과거에는.

'우리는 지금 빅데이터 시대에 살고 있잖아요. 삶의 질과 연결된 문제라고 생각하세요. 우리 삶이 빡빡했던 시절에 의사나 법률가도 지금처럼 많은 매체에 등장하지 않았어요. 그래도 뭐 우린 잘만 살아왔고요.'

데이터는 이미 우리 생활에 많은 영향을 주고 깊이 연결돼 있다. 여기저기서 전문가를 데려가고자 많은 노력을 기울이는 것이 이를 증명한다. 또한 데이터 분석을 통해 스스로 판단하고 결정해 실행하는 시대가 왔다. 보고 아는 만큼 사랑한다는 말처럼 데이터 분석이 우리 삶 깊은 곳까지 침투하고 있다는 사실을 기억하기 바란다. 미래는 준비된 자에게 언제나 결과로 말한다. 미래를 준비하는 밑거름은 분명 데이터가 될 것이다.

데이터와 거리를 두고 살아온 사람에게 데이터 분석이 '무엇이다'라고 설명하기는 쉽지 않다. 이 부분을 개략적이고 보편적인 관점에서 설명하고자 하지만 어디를 둘러봐도 이렇게 설명하는 책은 없다. 복잡한 수식, 알고리즘, 분석을 위한 다양한 도구 등을 설명할 뿐이다. 데이터와 별로 친숙하지 않았던 사람들 또는 앞으로 데이터와 친하게 지내려 하는 사람들에게는 '소귀에 경 읽기' 같은 이야기다. 이들에게는 수식도 알고리즘도 도구도 지금은 필요 없다. 다시 한 번 말하지만 알아야 관심을 갖고 알아야 친해진다.

필자의 지식은 '전문가'라는 호칭을 달기에 부끄럽게도 짧고 깊지 못하다. 지식의 깊이와 범위가 얼마이든 '내가 알고 있는 모든 것을 누군가에게 쉽고 재미나게 설명하기가 이렇게 어려운 것이었구나'를 새삼 느낀다. 소설가 황석영 선생이 "책은 엉덩이로 쓰는 겁니다."라고 했는데, 엉덩이를 아무리 붙이고 앉아도 속도가 나지 않는 내 짧은 지식이 안쓰럽다.

데이터는 화려하거나 꾸밈이 없다. 참으로 영혼이 맑은 아이다. 데이터는 꾸미지 않은 원석 그대로의 모습을 간직하며 그 안에는 거짓 없이 진실만을 담고 있다. 더욱 놀라운 점은 이러한 진실이 미래도 알려줄 수 있고 반복된 습관도 발견하게 하며 때로는 유사한 것들끼리 묶어주기도 한다. 진실하면서 정보까지 주니 정말 착하지 않은가.

이 책을 읽는 모든 사람이 데이터와 분석 기법에 친숙해지기를 기대하고 또 기대한다.

차례

2부 배경 II

세상은 흑과 백만으로 설명할 수 없다

그 밖의 이야기

3부 진화 I

너랑 나랑은 그렇고 그런 사이니까

k에게 물어봐

4부 진화 II

데이터는 미래를 비추는 거울

분류도 예측이 되나요

5부 변이 I

6부 변이 II

1부
배경 I

1장

세상의 중심에서 데이터를 외치다

세상에 영원불멸한 것은 없다
딱 한 가지 데이터는 사라지지 않는다

세상의 중심에서 데이터를 외치다

데이터, 정보 그리고 가치

'어느 것이 하늘빛이고 어느 것이 물빛인가' 언제인지 정확히 기억나지는 않지만, 오래전 탄산음료 광고에서 '객주'의 작가 김주영 선생이 남긴 기가 막힌 광고 문구다. 맑고 깨끗함을 강조하고자 한 이 문구는 우리가 이야기하는 데이터를 너무 잘 표현하는 것 같아 인용해봤다. 이 문장은 범위를 한정할 수 없는 데이터의 특성을 잘 보여준다.

데이터의 범위는 무엇일까? 데이터의 범위는 학자마다 분야마다 해석이 다양하다. 영어로 data를 사전에서 찾아보면 '원하는 결과를 얻기 위해 증명, 판단, 결정하는 과정에 필요한 자료'라고 나온다. 이를 다시 해석하면 원하는 결과는 사람마다 다르므로 '각자가 필요한 자료'라고 할 수 있다. 그래서 세상의 모든 자료는 곧 데이터라고 범위를 정할 수 있다. 데이터라는 단어는 외래어지만, 이 책에서는 자료라는 순화된 단어를 사용하지 않고 그대로 데이터라고 사용한다.

구체적인 다음 사례를 통해 데이터의 개념을 자세히 살펴보자.

어느 날 학교에서 돌아온 8살 된 딸아이가 엄마에게 이렇게 말한다.

"엄마 나 학원 다닐 거야!"

"학원? 무슨 학원?"

"아니 친구들은 학교 끝나면 다 학원에 가서 나만 맨날 혼자 집에 오고 심심해!"

"그래? 그럼 어떤 학원을 다닐 건데?"

"우리 반 애들 보니까 바둑학원을 가장 많이 가. 학교 끝나고 나오면 바둑학원 차가 와서 태우고 가."

"또 다른 학원은 어디 다니는데?"

"미술학원도 있고, 피아노 학원, 태권도, 영어, 중국어 학원도 다니고 그래."

"그래, 알았어. 엄마가 알아보고 다음 달부터 보내 줄게."

이 두 모녀의 짧은 대화에도 데이터는 필요하다. 먼저 딸의 입장을 살펴보자. 딸은 어떤 학원을 다닐지 결정하기 위해 주변 친구들이 다니는 학원 목록 데이터가 필요하다. 이때 딸은 친구들이 어느 학원에 가장 많이 다니는지를 확인하였고 최종으로 바둑 학원이 가장 인기가 높다는 결론을 내린다.

다음으로 엄마 입장에서는 아직 최종 결정을 내리지 않았지만, 학원을 보내기 위해 학원의 위치와 수강료, 수업 시간 등의 데이터가 필요하다. 이 데이터를 종합해 엄마는 최종적으로 딸이 원하는 학원에 보낼지 아니면 다른 학원을 선택할지 판단하게 된다. 이를 통해 데이터는 의사 결정을 위해 사용된 모든 내용을 의미한다는 점을 알 수 있다.

이 사례에서 엄마의 입장을 좀 더 살펴보자. 딸을 학원에 보낼지 말지를 결정하려면 앞에서 언급한 것 외에도 수업 효과, 학원의 인지도, 집안의 재정적 여유 등을 고려해야 한다. 이 데이터를 표로 정리하면 다음과 같다.

구분	바둑 학원 A	미술 학원 B	피아노 학원 C
위치	도보 10분	학원 버스 10분	도보 20분, 학원 버스 8분
수강료	13만 원/월	15만 원/월	12만 원/월
수업 시간	1시간/일, 주 5회	1시간/일, 주 5회	1시간30분/일, 주 5회
효과	집중력	창의성	좌뇌 발달
인지도	알파고 영향으로 인기 급상승	꾸준함을 무기로 한 취미생활의 중심	여아에게 인기 있는 전통적인 분야

▲ 엄마가 정리한 학원 데이터

필요한 데이터(위치, 수강료, 수업 시간, 효과, 인지도)에 따라 학원별로 조건이 정리돼 있다. 여기서 중요한 부분은 정리된 상세 데이터다. 데이터는 의사결정을 위한 모든 사실을 의미하며 모든 사실 중에서 필요한 사실만을 수집해 정리한 데이터를 정보라고 한다. 즉, 정보는 의사결정을 위해 수집하고 정리한 데이터의 묶음을 의미한다. 표에 제시한 학원(바둑 학원 A, 미술 학원 B, 피아노 학원 C) 외에도 많은 학원이 있고, 학원마다 각각의 정보가 있을 것이다. 하지만 엄마에게 필요한 정보는 표에 나타난 것만으로 충분하다.

엄마는 정리한 정보를 바탕으로 집중력 향상을 위한 바둑 학원 A에 보내기로 최종 결정을 내린다. 엄마에게는 주의가 산만한 아이의 집중력 향상이라는 가치가 중요하게 작용했다. 이렇듯 데이터를 수집하고 정리된 정보를 통해 가치(지식)를 발견해 가는 과정을 데이터의 흐름이라 한다. 여기에 더해 가치를 창의적인 아이디어로 승화시키면 지혜가 된다.

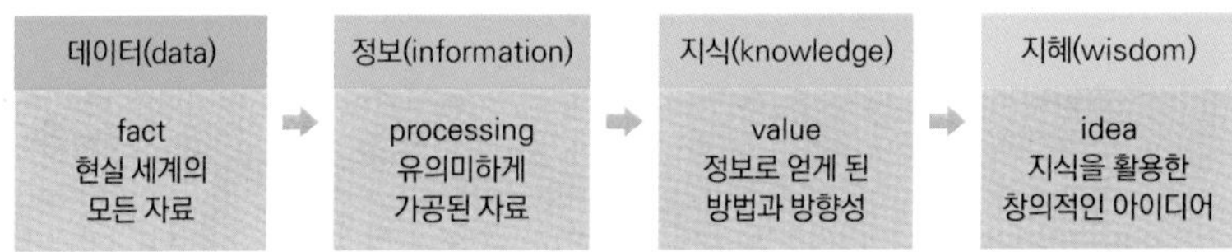

▲ 데이터의 흐름

밸류러시

1848년 미국 서부 캘리포니아의 작은 시골 마을. 목재소의 십장什長을 하던 제임스 마샬James Wilson Marshall은 눈이 그다지 좋지 않은 사람이었다.

하루는 점심을 먹고 강가에 앉아 여유롭게 시가Cigar를 태우고 있었다. 한가한 시간을 즐기던 그는 강가의 모래사장에서 유난히 반짝이는 모래뭉치를 발견했다. 근데 이 모래뭉치가 심상치 않았다. 눈이 나쁜 마샬이 봐도 색은 물론 그 반짝임이 예사롭지 않았다. 단박에 사금임을 알아본 마샬은 '인생 한방의 꿈이 실현되는구나'라고 생각하며 기쁨의 환호를 질렀다. 그러나 눈이 안 좋은 마샬이 사금을 발견했다는 것은 주변 모든 사람도 이것을 볼 수 있다는 의미였다. 캘리포니아에서 사금이 발견됐다는 소문은 빛의 속도로 퍼져 나갔다. 그리고 수많은 사람이 금을 찾아 캘리포니아로 몰려드니 이 현상을 가리켜 골드러시gold rush라고 불렀다.

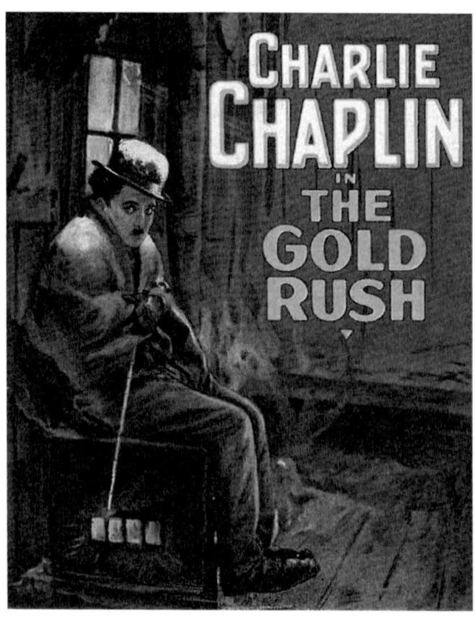

▲ 골드러시를 풍자한 찰리 채플린의 작품 <황금광 시대(The Gold RUSH, 1925)>[1]

금의 물질적 가치는 지금도 유효하다. 그래서 그 당시 많은 사람들이 금을 찾기 위해 미국 서부로 몰렸으며 많은 모래를 걸러 사금을 찾는 고난의 시간을 보냈다.

우리는 지금 데이터의 홍수 속에 살고 있다. 엄청난 양의 데이터에서 정보를 찾고 정리된 정보에서 가치를 발견한다. 그래서 필자는 지금을 가치 발견의 시대라는 의미에서 밸류러시value rush라고 부른다. 단, 금은 한정된 지역에 있지만, 데이터는 어디에서나 있다는 사실이 다르다.

내가 평균 이상은 하지!!

2017년 한국경제연구원에서 고용노동부에서 제공한 '고용 형태별 근로실태 조사'를 분석한 결과, 2016년 대한민국 근로자의 평균 연봉은

1 위키피디아 en.wikipedia.org/wiki/The_Gold_Rush#/media/File:Gold_rush_poster.jpg

3,387만 원이었다.[2] 여기서 질문. 여러분은 평균 연봉 이상을 받고 있는가? 참으로 슬픈 평균이 아닐 수 없다. 그래서 이번에는 평균에 대해 이야기하려 한다.

평균을 모르는 사람은 없을 것이다. 평균은 표본 값의 총 합을 표본 개수로 나눈 값이다.

$$\text{평균} = \frac{\text{표본의 총합}}{\text{표본 개수}}$$

평균의 종류는 여러 가지지만, 일반적으로 산술평균을 말한다. 평균은 수식이 간단해서 다양한 분야에서 폭넓게 활용된다. 그러나 이미 널리 알려졌듯이 평균은 한 가지 단점을 가지고 있는데, 그것은 극단적인 값에 민감하다는 점이다. 이는 어떤 의미일까? 다음 세 학생의 성적을 보자.

구분	국어	영어	수학	역사	평균
영희	85	95	95	85	90
철수	95	70	95	100	90
전균	90	90	90	90	90

▲ 세 학생의 성적과 평균

세 학생의 평균 성적은 같다. 평균만 보면 세 학생의 성적이 같아 어느 학생의 성적이 더 우수하다고 평가할 수 없다. 과목별 점수를 각각

2 한국경제연구원, '16년 근로자 평균 연봉 3,387만 원, 중간순위 연봉 2,623만 원 www.keri.org/web/www/news_02?p_p_id=EXT_BBS&p_p_lifecycle=0&p_p_state=normal&p_p_mode=view&_EXT_BBS_struts_action=%2Fext%2Fbbs%2Fview_message&_EXT_BBS_messageId=354034

비교하면 세 학생의 평균은 같지만 성적이 같다 하기는 어렵다. 세 학생의 평균이 각 학생의 점수를 대표한다고 말할 수 있을까? 세 학생 중 모든 과목에서 평균과 같은 점수를 받은 전군의 평균은 점수를 대변한다고 할 수 있지만, 나머지 학생의 평균도 점수를 대변한다고 할 수 있는가?

따라서 평균을 진정한 평균으로 만들 방법이 필요하다. 그 첫 번째 과정으로 계산한 평균으로부터 각각의 관측 값(과목별 점수)이 얼마나 멀리 떨어져 있는지를 측정한다. 측정하려면 관측 값들이 평균으로부터 얼마나 분포(산포)돼 있는지를 확인해야 하며, 이를 편차deviation라 한다. 편차는 다음 방법으로 쉽게 계산할 수 있다.

- 편차 = 관측 값(과목별 점수) - 평균 값

예를 들어, 영희의 국어 과목의 편차는 영희의 국어 점수 85점에서 평균 90점을 빼서 구한다(85-90 = -5). 이와 같은 방식으로 세 학생의 과목별 편차를 구하면 다음과 같다.

구분	국어	영어	수학	역사
영희	-5	5	5	-5
철수	5	-20	5	10
전군	0	0	0	0

▲ 세 학생의 성적 편차

결과에서 보듯이 편차는 양수도 있고 음수도 있다. 당연한 이야기지만 관측 값이 평균보다 높을 수도 있고 낮을 수도 있기 때문이다. 이

편차를 모두 더하면 반드시 0이 된다. 다시 말해 편차의 평균도 0이다. 따라서 편차로도 평균의 대표성을 가늠하기가 쉽지 않다.

편차의 합이 0이 되지 않는 방법이 필요하다. 편차가 모두 음수거나 양수라면 합은 0이 되지 않는다. 이때 음수를 양수로 바꿀 방법이 필요하다. 그 방법은 여러분도 이미 알 것이다. 음수와 음수를 곱하면 양수가 되므로 각 편차를 제곱해 원래의 편차 값을 두 배로 늘리면 된다. 편차의 합은 반드시 0이 되지만 두 배로 늘린 편차의 합은 0이 되지 않는다. 이처럼 두 배로 늘린 편차의 평균을 분산variance이라고 한다.

$$분산 = \frac{편차^2}{표본의\ 개수}$$

그런데 제곱으로 구한 분산은 그 값이 두 배로 늘었으므로 다시 줄이는 과정이 필요하다. 늘린 값을 줄이는 방법은 제곱근을 취하는 것인데, 이를 표준편차standard deviation라고 한다.

$$표준편차 = \sqrt{분산}$$

표준편차를 구하고 세 사람의 성적을 비교해 보니 누가 고른 성적을 받았는지 한눈에 알 수 있다.

구분	국어	영어	수학	역사	분산	표준편차
영희	85	95	95	85	33.33	5.77
철수	95	70	95	100	183.33	13.54
전군	90	90	90	90	0	0

▲ 세 학생의 성적 표준편차

데이터 분석의 목적은 데이터로부터 창출되는 가치를 발견하는 것이다. 그런 의미에서 평균은 아주 기본적인 분석으로 수치화한 중요한 가치다. 그러나 평균은 절대적인 영향력이 없음을 앞서 세 학생의 성적에서 확인했다.

앞서 제시한 대한민국의 평균 연봉 3,387만 원은 매우 불편한 진실이며 평균의 오류다. 최저 시급 1만 원도 안 되는데 평균 연봉이 3,387만 원이라니 이 무슨 괴변인가? 최저 시급을 대략 1만 원으로 잡는다 해도 하루 8시간 근무하고 30일 꼬박 근무해야 한 달 월급 240만 원이며, 세금 하나도 제하지 않아야 받을 수 있는 연봉은 2,880만 원이다.

그래서 평균을 제시할 때는 반드시 표준편차를 함께 이야기해야 한다. 그래야만 제시된 평균이 얼마나 신뢰성이 있는 가치인지를 판단할 수 있다. 평균을 올리는 것만큼 표준편차를 줄이는 노력을 소홀히 해서는 안 된다. 대한민국 평균 연봉이 3,387만 원 정도 되니 꽤 살 만한 수준이라고 오판해서는 곤란하다. 평균 연봉 3,387만 원이 5,000만 원으로 오르는 것보다 중요한 것은 고른 소득 수준을 보이도록 표준편차를 줄이는 것이다.

앞으로는 평균이 표준편차와 짝꿍이라는 점을 잊지 말자. 명심하자. 표준편차가 0이 되면 평균을 구할 필요가 없다.

Q1 **데이터는 컴퓨터 속에만 있나요?**

A 대답은 '아니요'다. 이 책을 꼼꼼히 읽어 갈 분들은 알게 될 것이다. IT 공간에서 생산된 것만이 데이터가 아니다. 데이터는 우리 주변에 있는 모든 것을 포함하는 광의의 개념이다. 다만 컴퓨터라는 도구가 데이터를 다루는 데 유용할 뿐이다. 세상의 모든 정보가 IT 공간으로 모이고 있다. 개인의 사생활까지도 분석 대상이 되는 환경이다. 데이터를 확보하고 정리하고 활용하고 분석하는 공간으로서 컴퓨터는 현존하는 최고의 도구이자 저장 공간이다.

컴퓨터 없는 과거에도 데이터는 존재했다. 제갈량이 적벽에서 조조의 대군을 물리치는 데 공헌한 동남풍은 제갈량의 주술로 일으킨 게 아니다. 날씨 정보를 분석해 알아낸 자연 현상이다. 우리가 일상에서 의사결정을 위해 고민하고 생각하는 모든 과정이 데이터 분석인 것이다.

내가 원하는 가치를 제공하는 모든 것이 데이터 저장 공간이라고 할 수 있다. 무엇인가 궁금할 때 유용한 지식을 알려주는 인터넷 역시 좋은 정보가 담긴 저장소다. 책은 두말하면 잔소리다.

빅데이터 시대에 우리는 IT 공간에 너무 얽매이고 구속돼 그 속의 정보에만 집중하는 건 아닌가 하는 생각이 든다. 데이터 분석의 블루오션은 오히려 IT 공간 이외의 곳에 있지 않을까?

2장

주사위는 던져졌다

전체 또는 선택된 자료 - 모집단과 표본

확률, 그리고 평균의 또 다른 진실

주사위는 던져졌다

대상을 명확히 하라

선거철이 되면 각 언론사는 후보자별 예측 지지율을 공표한다. 선거 때마다 언론사는 이전보다 정교한 예측 분석 기법을 동원해 예측의 정확도를 높인다.

그런데 언론사는 누구를 대상으로 지지율을 예측하는 것일까? 대통령 선거의 후보자별 지지율을 예측하려면 모든 유권자에게 일대일로 물어봐야 하지 않을까? 아니다. 언론사는 일부 선택된 유권자를 표본으로 삼아 전체를 예측한다.

방송이나 신문에서 "이번 조사는 전국 만 19세 이상 유권자 1,000명을 대상으로 시행했으며, 신뢰수준 95%에 표본오차 ±5%입니다."와 같은 문구를 본 적이 있을 것이다. 이는 만 19세 이상 전체 유권자

(모집단) 중에서 1,000명을 선정(표본)했고 예측한 대로 각 후보자의 지지율이 나올 확률이 100번 중 95번이며 해당 지지율에서 ±5% 범위 안에서 결과가 나온다는 뜻이다. 쉽게 말하면 대통령 후보 A의 예측 지지율이 43%라면, 43%의 ±5%인 38%~48% 범위에서 지지율을 얻을 확률이 95% 정도라는 의미다.

이처럼 대부분 분야에서는 데이터 분석 시 표본조사를 수행한다. 전체에서 선택된 표본은 매우 중요하다. 잘못된 표본을 선정하면 왜곡된 결과를 초래하기 때문이다. 전체를 대변할 표본을 선정할 때에는 몇 가지를 유념해야 한다.

첫째, 분석 대상이 명확해야 한다. 국가 또는 지역인지, 사람이 대상인지 동물이 대상인지, 기업인지 또는 그에 포함된 제품이나 품질인지 등이다. 둘째, 전체 대상에서 어느 부분을 표본으로 구성할지를 정하고 추출 방법을 선택한다. 즉, 표본을 추출하는 기준을 명확히 세워야 한다. 홀수인지 짝수인지, 선입선출인지 무작위인지 등이 있다. 셋째, 표본의 구성과 추출 방법을 정한 다음에는 표본의 크기를 결정해야 한다. 이때도 역시 전체 집단을 가장 효율적이고 효과적으로 대표하는 크기를 산정해야 한다. 표본 추출 방법과 표본 크기는 시간과 비용, 조사 목적, 방법을 면밀히 검토하고 고민해 선택한다.

설명한 표본 선정 과정은 일반적인 이야기다. 당연히 표본은 전체를 대변하고 시간과 비용을 최소화하며 목적과 분석 방법이 고려돼야 한다. 표본을 선정하는 데 표본 추출 방법과 크기도 중요하지만, 분석하고자 하는 대상을 명확히 설정하는 게 가장 중요하다.

일상생활에서 예를 들어보자. 어느 날 쇼핑을 하러 가서 무척 맘에 드는 가방을 발견했다. 이 물건을 구매할 금전적 여유가 있는지를 판단하려 한다. 이때 최근 1주일간의 소비 규모는 매우 효과적인 분석 대상이지만, 유사 제품과의 가격 비교는 금전적 여유를 판단하는 데 전혀 도움이 되지 않는다.

이처럼 데이터 분석은 우리 생활에서도 이루어진다. 기업의 전문적 시장 분석만이 아니라 물건을 하나 살 때도 머릿속에서는 쉴 새 없이 분석을 한다. 이때 대상이 정확하면 경험적 분석을 바탕으로 좀 더 효율적인 정답을 유추할 수 있다.

확률을 높여라

우리의 일상은 불확실한 상황을 유연하게 대처하도록 판단하는 사고(데이터 분석)의 연속이다. 비 올 확률이 몇 %면 우산을 가지고 나가겠는가?

전문 분야든 아니든 간에 데이터 분석 시 모집단 분석보다는 전체에서 추출한 표본을 사용한다고 앞서 설명했다. 선택된 자료(표본)로부터 전체(모집단)의 특성을 추출할 때 해당 표본이 전체를 얼마나 잘 대표하는지를 판단하는 데 확률은 매우 중요한 작용을 한다. 이러한 확률은 절대적 또는 상대적인 개념으로 접근할 수 있다. 먼저 절대적 개념의 확률에는 어떤 것이 있을까?

대한민국을 대표하는 샐러리맨 전박봉 과장이 있다. 고등학교 때 그의 담임 선생님은 해당 일자의 마지막 숫자를 기준으로 학생들에게 질문했다. 단 한 번도 예외 상황은 없었다. 한 번 답한 학생에게는 다시 질문하지도 않았다.

15일이라면 5, 15, 25번 학생이 질문에 답해야 한다. 전군은 25번이었다. 그렇다면 전군이 질문에 답해야 할 확률은 1/3이다. 선생님이 3번 질문한다면 전군은 무조건 한 번은 답해야 한다.

▲ 러시안 룰렛에 쓰이는 리볼버 권총[3]

더욱 쉬운 예로 '러시안 룰렛'이 있다. 권총에 총알을 한 개만 넣고 총알의 위치를 알 수 없게 탄창을 돌린 후 참가자들이 머리에 총을 겨누고 방아쇠를 당기는 게임이다. 총알 6개가 들어가는 총에 총알을 한 발만 장전하면 이 게임에서 누군가 죽을 확률은 1/6이다. 여기에 이론의 여지는 없다. 이러한 절대적 확률은 직관적으로 알 수 있고 예측 또한 가능하다(사전적 확률).

그렇다면 상대적 확률은 어떨까? 동전을 던져 앞면이 나올 확률은? 주사위를 던져 1이 나올 확률은? 전자는 1/2, 후자는 1/6이다. 그런데 정말 동전을 두 번 던지면 앞면이 반드시 한 번은 나올까? 주사위 역시 6번 던지면 반드시 한 번은 1이 나올까?

결론은 그럴 수도 있고 아닐 수도 있다. 이러한 결과는 직관적이기보다는 경험 또는 실험 및 관측의 결과로 확률이 계산된다(장기적 상대도수 확률). 그러면 동전을 몇 번을 던지면 1/2, 즉 50% 확률이 될까?

---

3 위키피디아 en.wikipedia.org/wiki/Revolver#/media/File:Nagant-holstered.jpg

100번? 1,000번? 10,000번? 확실한 것은 던지는(실험) 횟수를 늘려 반복하면 할수록 우리가 기대하는 50% 확률을 수렴해간다는 점이다.

동전 던지기의 실험을 10,000번할 때 1,000번 만에 앞면이 504번 나왔다면 그 확률은 50%를 충족하게 된다. 그러면 10,000번을 실험하지 않아도 1,000번의 실험을 통해 이미 상대적 확률 50%를 확인한 셈이 된다. 여기서 실제 실험 횟수인 1,000번은 10,000번을 대표하는 표본이 되며, 1,000번의 실험으로 그 결과를 정확히 도출한 게 된다. 따라서 표본이 전체를 대표하는 실험과 관찰은 확률에 의존적이며 영향을 많이 받는다.

주사위도 마찬가지다. 주사위 확률 16.6%와 동전의 확률 50%는 실험 횟수가 많아질수록 그 확률이 상대적으로 명확해지는데, 이를 다른 말로 '주사위를 던져 1이 나올 확률은 평균적으로 16.6%이고, 동전을 던져 앞면이 나올 확률은 평균적으로 50%다.'라고 표현할 수 있다.

곰곰이 생각해 보자. 어떤 확률을 구하기 위해 실험과 관찰 횟수가 많아지면 얻고자 하는 확률을 수렴할 것이다. 이러한 확률을 평균이라 부른다. 확률에 따른 평균은 한두 번의 관찰만으로 얻기 어렵다. 관찰 범위가 많아질수록 주사위나 동전의 확률처럼 높아질 것이다. 이쯤에서 평균의 또 다른 이야기를 해보자.

평균을 중심으로 좌우로 정렬 - 중심극한정리

앞서 우리는 표본 분석과 확률, 평균에 대해 이야기했다. 데이터 분석은 표본을 통해 전체를 이해해야 하므로 전체로부터 표본을 선택하는 과정이 매우 중요하다. 표본 선정 과정에는 자연스럽게 확률이 적용되고 확률은 평균과도 연결된다. 다음 사례로 이를 확인해 보자.

전박봉 과장은 건실한 중견기업의 데이터분석팀에 근무하고 있다. 그는 거래처 1,000곳에 공급될 하반기 공급량을 추정하라는 부장의 지시를 받았다. 데이터 분석을 시작했지만, 시간과 비용에 부담을 느끼고 거래처 1,000곳에서 표본 100개를 뽑아 공급량을 추정하기로 했다.

여기서 전 과장은 난관에 부딪친다. 표본 100개를 어떻게 뽑아야 할까? 전 과장이 거래처 1,000곳에서 표본 100개를 뽑는 경우의 수는 매우 많다.[4] 이렇게 많은 경우의 수를 뚫고 선택된 표본은 매우 많은 경우의 하나에 불과하다. 전 과장이 선택한 표본은 $\frac{1}{6.38505 \times 10^{139}}$ 의 확률이다. 이처럼 전체로부터 표본을 추출하는 과정은 확률의 개념이 자연스럽게 결합돼 있다.

이러한 표본이 전체를 대변할 대표성이 있는지를 떠나서 표본 자체를 뽑는 과정이 전 과장에게는 고난의 연속이다. 그렇다고 지시를 어길 수는 없다. 데이터 분석은 진행돼야 하고 분석을 진행하려면 반드시 표본을 추출해야 한다. 표본다운 표본은 어떻게 만들어지는 것일까?

---

4 여기서 경우의 수는 순서를 고려하지 않는 무작위 추출(조합) ${}_{1000}C_{100}$로, 6.38505×10^{139}를 의미한다.

어떤 과정을 따라 어느 부분을 표본으로 추출하든 표본 역시 해당 표본만의 특성(표본 통계)을 가진다. 표본의 다양한 특성 중에서도 표본의 중심 성향을 파악하는 표본 평균은 매우 중요하다. 일반적으로 모집단의 규모가 클수록 해당 모집단의 평균을 미리 알기 어렵다. 이런 이유로 표본을 추출해 분석하는데, 특이하게도 모집단에서 추출한 표본 평균은 모집단의 평균을 기준으로 좌우 대칭으로 분포한다. 이는 모집단의 평균이 무엇이든 상관없이 모집단으로부터 추출한 여러 표본의 각 평균은 모집단의 평균을 중심으로 좌우 대칭 형태로 분포한다는 것이다. 이러한 표본 평균의 분포 특성을 설명한 이론이 중심극한정리central limit theorem다.

▲ 아브라함 드무아브르[5]

영국의 괴짜 수학자 아브라함 드무아브르(Abraham de Moivre, 1667~1754)는 프랑스에서 태어나 20대에 영국으로 건너왔다. 그는 어려운 생활 속에서도 수학 연구를 게을리하지 않은 노력형 천재로, 당시 최고의 석학이라 칭송받던 아이작 뉴턴(Issac Newton, 1643~1727)과도 교류했다.

그는 항상 주머니에 주사위 두 개를 넣고 다녔는데, 문제 해결을 고민하다 해결이 안 되면 주사위를 꺼내 던지며 머리를 식히곤 했다.

5 위키피디아 commons.wikimedia.org/wiki/File:Abraham_de_moivre.jpg

그가 주사위와 친하다는 건 확률에 대한 관심과 연구가 깊다는 것을 의미한다. 이를 증명하듯 그는 『우연의 교의The doctrine of chances』라는 대표 저서를 남겼다.[6]

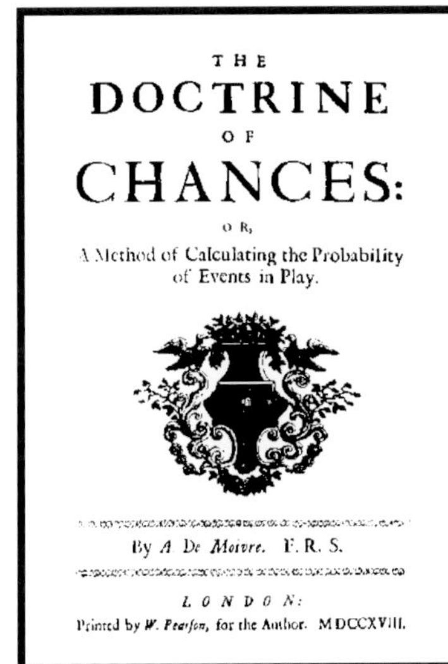
THE
DOCTRINE
OF
CHANCES:
OR,
A Method of Calculating the Probability of Events in Play.

By A. De Moivre. F. R. S.

LONDON:
Printed by W. Pearson, for the Author. MDCCXVIII.

▲ 드무아브르가 1718년 발표한 『우연의 교의』 1판 표지[7]

드무아브르가 즐겨 하던 주사위 놀이는 주사위 두 개를 동시에 던져 나오는 수의 합을 미리 예측하는 것이었다. 그는 놀이와 휴식을 위해 주사위 던지기를 했지만 그 순간에도 예측한 수가 나오는 확률을 끊임없이 고민했다 그리고 꾸준하게 기록으로 남겼다.

학자에게는 놀이도 꾸준히 하면 이론이 되는 법인지 그는 『우연의 교의』 2판이 발행되기 전 논문을 통해 새로운 공식을 발표했다. 이 새로운 공식은 다음과 같이 간단히 정리할 수 있다.

주사위 두 개를 동시에 던져 나오는 수의 합을 매번 기록하고, 꽤 긴 시간 기록된 결과를 바탕으로 전체의 평균을 구했다. 그 후 매일 그날의 주사위 놀이 평균을 구하였고 며칠 뒤 매일 진행한 주사위 놀이의 평균이 앞서 기록한 전체 평균을 중심으로 좌우 대칭 형태로 분포돼

6 실제는 노름에서 발생하는 사건의 확률을 계산한 저서이지만 주사위 놀이가 노름과 관련이 있다고 판단해 각색한 것임을 밝힌다.

7 위키피디아 commons.wikimedia.org/wiki/File:Abraham_de_Moivre_-_Doctrine_of_Chance_-_1718.gif

나타남을 확인했다. 또한 주사위를 던지는 횟수가 많은 날은 더욱더 전체 평균에 가깝게 분포된다는 사실을 알게 됐다.

이것이 그가 최초로 발견하고 정리한 '중심극한정리'다. 그는 논문에서 시행 횟수가 많을수록 이 공식이 정확해지지만 100번 정도만 시행해도 충분히 좋은 결과를 얻을 수 있다고 했다.

믿지 못할 이야기 같지만 중심극한정리는 사실이다. 더 놀라운 것은 표본의 크기(표본에 포함된 관측 값의 개수)가 커질수록 표본들의 평균값은 모집단의 평균값에 더욱 근접해 분포한다는 점이다. 100개에서 표본 10개를 뽑는 것보다 30개를 뽑으면 더 정확하게 전체 평균에 근접해 대칭 분포를 형성한다. 100개 중 90개를 표본으로 삼으면 거의 전체 평균의 중심에 붙어 표본의 평균이 좌우 대칭을 이룬다.

이러한 중심극한정리는 데이터 분석의 가장 기본적인 이론이다. 이것은 모집단에서 추출한 표본이 충분히 전체를 반영해 설명할 수 있다는 근거가 된다. 다시 말해, 모집단의 성격과 분포가 어떠하든 상관없이 표본 평균의 분포는 모집단의 평균을 기준으로 좌우 대칭이 되며, 이를 통해 충분히 전체를 대변할 수 있다.

앞서 언급했듯이 표본은 전체에서 추출한 확률이다. 따라서 표본 평균의 분포를 이론적으로 설명한 중심극한정리는 확률분포에 의거하며 이러한 확률분포를 '정규분포'라 부른다. 결론부터 말하면 세상의 모든 현상은 정규분포를 따른다. 기업의 매출, 시장의 공급과 수요, 키와 몸무게도 모두 정규분포 형태를 띤다. 어떤 현상을 관찰한 결과가 정규분포를 따르지 않는다면 그것은 자료가 부족하기 때문이다.

3장

그때는 맞고, 지금은 틀리다

반대되는 의견을 거짓으로 증명하라 - 가설

기준을 설정하고 검증하라 - 유의수준과 검정

그때는 맞고,
지금은 틀리다

귀무가설과 대립가설

통계학에는 다음과 같은 속설이 있다. '통계는 틀린 것은 증명할 수 있어도 맞는 것은 증명하기 어렵다.' 수학을 기반으로 한 통계학에서 나온 속설치고는 역설적이다. 그만큼 이미 정설로 굳어진 진리는 번복하기 어렵다는 표현일 것이다.

가설假說을 한자 그대로를 해석하면 '거짓 또는 임의로 정한 이야기'다. 일상에서 비슷한 개념으로 '가정假定'이라는 용어를 사용한다. 그런데 이 '가설'이라는 용어 속에는 한자 그대로의 뜻으로 사용하기에 곤란한 면이 있다. 특히 데이터 분석 분야에서 가설의 의미는 그 깊이가 심오하다.

데이터 분석에서 가설은 '탐구 대상이 되는 과학적 자료를 바탕으로 실험과 관찰을 통해 논리적으로 증명해 나가는 이론'을 뜻한다. 이것은 일상에서 '예를 들어 말이야.' 하고 자신만의 논리(생각)로 상대를 이해시키고 설득하려는 억측과는 확연히 구분된다. 여기서 중요한 것은 과학적 자료와 논리적인 증명이다. 가설이 과학적 자료의 실험과 관찰을 통해 논리적으로 증명되면 진리로 굳어진다. 그렇다면 다음은 가설이 성립될까?

실화를 바탕으로 재구성한 영화 「살인의 추억」에는 주인공인 형사 송강호가 박해일을 구금하고 심문하는 장면이 나온다. 송강호는 '박해일이 범인이다.'라고 가정(가설)하고 취조해 본인의 가설 또는 가정을 증명하려 한다.

영화를 본 사람은 이미 알고 있겠지만 송강호는 오로지 본인의 심증만으로 범인을 추궁한다. 관찰은 존재하지만 과학적 자료와 실험은 존재하지 않는다. 따라서 이러한 송강호의 범인 심문은 논리적인 증명이 이루어질 수 없으며 가설도 성립되지 않는다.

그래서 '과학수사'라는 말이 나왔는지는 모르지만, 반드시 과학적 자료가 존재해야 하며 이를 실험하고 관찰해 논리적인 증명이 이루어져야 가설이 성립된다. 적어도 통계에서는 말이다.

그러면 가설은 꼭 내가 얻고자 하는, 증명하고자 하는 상황만을 설정해야 하는 것일까? 결론부터 이야기하면 항상 그렇지는 않다. 앞서 언급한 것처럼 통계는 틀린 것을 증명하기 쉬워도 맞는 것을 증명하기 어렵다. 그래서 가설은 내가 얻고자 하는 상황을 설정한 '대립가설'과 이와 반대되는 상황인 얻고자 하는 진실과는 반대의 상황을 설정한 '귀무가설'로 나눌 수 있다.

이미 진실로 굳어진 사실(대립가설)은 증명하기가 어렵다. 그래서 데이터를 분석할 때는 일반적으로 귀무가설을 세우고 해당 가설이 틀렸다는 것을 증명해 본인의 이론을 논리적으로 확정한다.

영화「살인의 추억」에서 송강호가 박해일이 범인이라는 것을 증명하기 위한 귀무가설은 '박해일은 범인이 아니다'다. 이를 위해 과학적 자료를 실험하고 관찰해 '박해일이 범인이 아니다'라는 가설이 거짓임을 증명하면 그 반대인 '박해일이 범인이다'가 증명되는 것이다.

'담배는 폐암을 유발한다' 이 명제는 우리가 일반적으로 알고 있는 담배의 폐해를 말한다. 그러면 진짜 담배가 폐암을 유발하는 직접적인 원인일까? 담배가 폐암을 유발함을 증명하려면 그 반대 가설인 '담배는 폐암을 유발하지 않는다'라고 설정하면 된다. 이것이 거짓임을 증명함으로써 담배가 폐암을 유발하는 원인임을 증명할 수 있다.

한편 영국의학연구협회(British Medical Rescarch Council)는 1947년 학술대회에서 폐암의 급격한 증가의 원인에 대한 조사가 필요함을 절감하였다. 당시 영국의 폐암 사망률은 다른 어느 나라에 비해서도 높았는데, 아직 이전의 다른 환자-대조군 연구들이 보고되지 않았거나 알려지지 않은 상태이었던 당시, 관련 전문가들은 영국의 폐암 발생증가의 가장 주요한 요인으로 최근 고도로 악화된 대기오염을 지목하였다. 협회는 이 연구를 Bradford Hill에게 의뢰하면서 대기오염을 포함한 여러 가지의 가설을 동시에 검정해 줄 것을 요청하였다. Doll과 Hill의 연구는 각종 치우침을 잘 제어한 연구로 흡연 이외의 많은 다른 요인들은 폐암의 발생과 무관한 반면 흡연은 일관성 있게 유의한 연관성을 보여 흡연이 폐암 발생의 중요한 요인임을 입증하였다[25].

▲ 논문에 등장한 담배와 폐암의 관계[8]

8 『흡연과 폐암의 역학적 관계: 역사적 고찰』 정해관 (2015년), 한국역학회지. 제27권(제2호), 1-19

이제 가설의 개념이 조금은 이해되는가? 가설의 설정과 증명 과정은 꼭 숫자를 통한 데이터 분석이 아닌 일상에서도 유용하다. 내가 알고 있는 사실이 진실이라는 점을 증명하고 싶다면 그 반대인 귀무가설을 설정하고 그것이 거짓임을 증명하면 어떨까? 내 머릿속에 자리 잡은 사실은 그것이 진실이든 아니든 간에 쉽게 바뀌지 않는다는 점이다. 우리 주변에는 진실 아닌 진실이 많이 있다. 예를 들어 '우리 아이는 스마트폰 때문에 성적이 안 올라.', '난 과소비도 안 하는데 왜 항상 돈이 부족하지?', '내 여자 친구에게 딴 남자가 생긴 것이 분명해.' 같은 것들이다.

그런데 가설을 세우고 증명하는 과정에서는 조심해야 할 부분이 있다. 이것은 대립가설이든 귀무가설이든 해당 가설이 맞고 틀린지를 누구나 공감할 수 있어야 한다는 점이다. '담배는 폐암을 유발하지 않는다'라는 귀무가설을 세우고 이를 거짓으로 증명한(담배는 폐암을 유발한다) 어느 의사의 분석 내용이 정말 진실일까? 다음 이야기를 통해 가설에 어떤 오류가 있을 수 있는지 확인해 보자.

드라마나 영화를 보면 주인공의 직업으로 의사와 법률가(검사 또는 변호사)가 심심치 않게 등장한다. 법률가가 주인공인 작품에서 종종 귀무가설과 대립가설의 사례를 목격할 수 있다(비록 그것이 데이터 분석을 의미하지 않더라도 말이다).

여기 자신의 아내를 살인한 혐의로 체포돼 피의자로 법정에 선 남자가 있다. 그의 무죄를 주장하는 변호사와 남편이 확실한 범인이라고 믿는 검사가 그의 무죄와 유죄를 각각 증명하기 위해 팽팽하게 맞서고 있다.

2011년 손영성 감독의 영화 「의뢰인」의 내용이다. 영화를 오로지 흥미와 몰입도만으로 접근하는 필자에게도 꽤 인상 깊게 남은 영화다. 변호사를 연기한 하정우의 최후변론 장면은 영화의 백미였는데, "하나, 둘, 셋을 세면 저 문으로 죽은 부인이 등장할 겁니다."라고 말하는 장면이다. 그가 셋을 세고 재판장의 모든 사람이 뒤를 돌아보았지만, 역시나 아내는 등장하지 않는다. 그리고 변호사 하정우는 이렇게 말한다.

"여러분도 아직 부인이 죽었다고 믿지 않는데, 심증만으로 남편을 범인으로 몰아가는 것은 문제가 있습니다."

변호사의 변론에 힘입어 피의자 장혁은 풀려난다. 그러면 이 영화에서 무엇이 가설과 연관이 있을까? 변호사 하정우는 피의자 장혁이 범인이 아니라며 무죄를 주장한다. 검사 박휘순은 장혁이 범인이라고 유죄를 주장한다. 이것이 바로 귀무가설과 대립가설이다. '남편은 무죄다'(변호인측)가 귀무가설이 되고 '남편은 유죄다'(검사측)가 대립가설이 된다. 영화의 결말은 아직 못 본 분들을 위해 남겨놓겠다.

이쯤에서 생각해 볼 문제가 있다. 영화 내용을 보면 장혁은 유능한 변호사 하정우를 만나 무죄를 선고받고 석방된다. 그런데 변호사의 노력에도 불구하고 남편은 진짜 무죄지만, 유죄 판결을 받아 수감된다면 어떨까? 이는 귀무가설이 거짓이 되는 경우로, 여기서 얻고자 하는 결과를 도출한 것이 된다. 즉, 대립가설이 선택된 경우다. 그러나 이것은 가설 검정에서 발생할 수 있는 첫 번째 오류(제1종 오류)로, 귀무가설이 참임에도 거짓으로 오판한 경우다.

두 번째 오류(제2종 오류)는 반대의 경우다. 장혁이 진짜 범인임에도 무죄를 선고받았다면 어땠을까? 이러한 제2종 오류는 귀무가설(남편은 무죄다)이 거짓이지만 참으로 선택하면서 발생한 오류다. 이를 좀 더 쉽게 설명하면 귀무가설의 참과 거짓을 반대로 선택한 경우로, 참일 때 거짓을 선택하고 거짓일 때 참을 선택한 오류라고 보면 된다.

영화 내용을 바탕으로 설명했지만 가설의 참과 거짓을 잘못 판단해 올바른 판결이 나오지 않았다면 두 경우 모두 큰 문제다. 그렇다면 이런 오류를 어떻게 방지할 수 있을까?

옳고 그름을 판단할 기준 - 유의수준과 유의확률

얼마전 전체 거래처의 공급량 분석을 지시받은 전박봉 과장은 우여곡절 끝에 하반기 공급량 예측을 마쳤다. 그 결과를 바탕으로 깔끔한 보고서까지 작성한 그는 당당하게 부장님 앞에서 보고했다. 열심히 경청하던 부장님이 그에게 질문을 던졌다.

"전 과장, 그 결과 믿어도 되는 거야?" 이런 질문을 예상이라도 한 듯 전 과장은 다음과 같이 말했다.

"네, 믿을 수 있습니다. 우선 하반기 공급량은 1,500대가 넘을 것으로 예상했습니다. 따라서 '공급량은 1,500대가 넘지 않는다'라는 귀무가설을 정하고 유의수준 5%를 설정했습니다. 검정 결과 유의확률이 2%로 나와서 해당 귀무가설을 버리고(기각) 대립가설(1,500대가 넘을 것이란 예상)을 채택했습니다" 도대체 이게 무슨 소리일까? 유의수준(P value라고 하며 p로 표기)은 무엇이고 또 유의확률은 무엇이란 말인가?

이는 다음과 같다. 유의수준 5%는 가설에 대한 검정 결과가 잘못될 가능성을 5%로, 반대로 신뢰할 수 있는 수준을 95%로 설정하겠다는 뜻이다. 따라서 전박봉 과장의 분석 결과에서 유의확률은 공급량이 1,500대가 넘지 않을 확률을 5%까지만 허용하며, 95%는 확실히 1,500대가 넘을 것으로 예측한다는 것이다. 전박봉 과장이 설정한 귀무가설인 '공급량은 1,500대가 넘지 않는다'가 참일 가능성이 2%로 나왔으므로 설정한 유의수준인 5% 미만이 돼(98%가 거짓) 해당 귀무가설을 기각한 것이다.

조금은 어려운 이야기다. 그러면 이 유의수준과 유의확률은 왜 정하는 것일까? 그것은 바로 앞서 영화 「의뢰인」에서 설명한 오류, 즉 귀무가설이 참인데 거짓으로 판명하고 거짓인데 참으로 해석하는(제1종 오류와 제2종 오류는 상충적 관계) 오류를 방지하기 위한 경계선을 정하고자 함이다. 유의수준 5%는 검정 결과의 유의확률이 5% 미만이면 유의미한 결과를 얻는 것이고, 그 반대로 5% 이상이 되면 무의미한 결과가 된다. 따라서 유의수준의 값이 낮으면 낮을수록 해당 검정 결과는 더욱 정밀해지며 결과의 신뢰도는 높아진다.

그러면 법정에서 유의수준은 무엇이며 유의확률은 무엇일까? 유의확률까지는 아니어도 유의수준과 기준점은 있어야 하지 않을까? 재판에서는 '판례'가 유의수준과 기준점 역할을 담당하며 중요하게 작용한다. 이처럼 반드시 숫자가 아니어도 된다. 우리가 정한 가설이 옳고 그름을 판단할 기준이 되는 유의수준은 앞선 사례와 지금까지의 패턴, 흐름 등으로 충분히 설정할 수 있다.

비교하고 진실을 밝혀라, t-검정

무엇을 분석할지 대상을 정하고 대상에서 증명하려는 부분에 대한 가설을 세우고 참과 거짓을 구분할 기준까지 정했다면 마지막으로 분석 내용이 정해진 기준에 부합하는지를 판단할 차례다.

데이터 분석은 기초 통계를 기반으로 출발한다. 분석하려는 대상 집단의 최댓값과 최솟값은 얼마인지, 평균은 어떻게 되는지, 표준편차가 얼마인지를 파악하고 분석을 진행하는 것이 순서다. 반드시 이 과정을 따라야 하는 것은 아니지만 평균의 중요성을 생각한다면 분명 필요한 과정이다.

대한민국 근로자의 연봉은 남자가 여자보다 대체로 높다. 이 말은 사실일까? 이것을 증명하기 위한 귀무가설은 '남자는 여자보다 연봉이 낮다'다. 귀무가설이 참인지 거짓인지를 판단하면 이 말은 쉽게 증명된다. 이를 위해 표본으로 선정된 두 집단(남자, 여자)의 평균을 구하고 비교하면 어느 쪽이 높은지, 즉 차이가 있는지 확인할 수 있다. 이렇게 두 집단 간 평균에 차이가 있는지를 비교해 검증하는 것을 t-검정(test)이라고 한다. 설정된 기준인 유의수준과 유의확률 내에서 분석한 내용이 포함되는지를 확인하는 방법이다.

예를 들어, 기준을 유의수준 5%(일반적으로 5%로 설정한다. 이것은 반대로 신뢰 수준이 95%라는 뜻이다)라고 하였을 때 두 집단 간의 표본 평균이 원하는 귀무가설에 부합하고, 두 집단의 평균이 표본오차 범위 내에서 발생할 확률인 유의확률(p - value)이 5% 이하로 나오면 귀무가설은 거짓이 되고('남자가 여자보다 연봉이 높다'를 채택) 5%보다 높으면 귀무가설은 참이 돼 결과적으로 '남자가 여자보다 연봉이 낮다'는 결론을 도출할 수 있다.

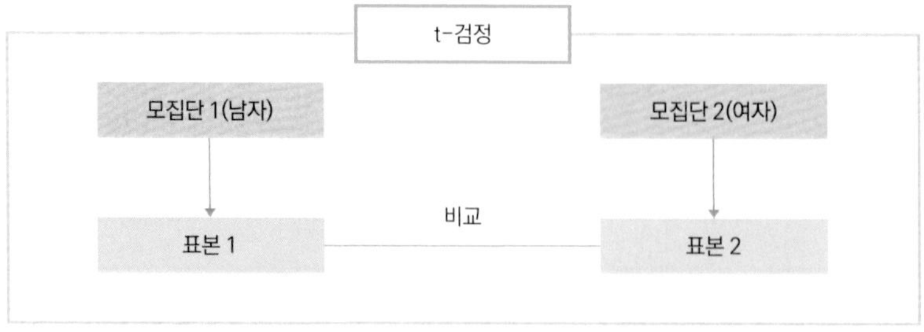

▲ t-검정의 도식

이 과정에서 이런 의구심이 들 수 있다. '표본을 무작위로 했지만 운이 좋게 연봉이 높은 남녀만 뽑힌 거 아니야?' 이러한 의구심을 해소하는 데 t-검정이 필요하다. t-검정은 두 집단에서 선택된 표본의 평균이 증명하고자 하는 수준에서 몇 번이나 차이가 나는지 확률적으로 확인하기 위한 과정이다(여기서 또 한번 확률과 평균은 늘 함께한다는 사실이 확인된다. 잊지 말길). 쉽게 설명하고자 했지만 여전히 어렵다. t-검정은 표본을 무작위로 선정했을 때 차이가 날 확률이 몇 %인지 검증하는 작업 정도로만 우선 이해하고 넘어가자.

여기서 한 가지 살펴볼 부분이 있다. 우선 검정 작업은 확률분포를 확인하는 과정이다. 앞서 정규분포 이야기를 하며 세상의 모든 현상은 정규분포를 따른다고 했다. 정규분포를 따른다는 개념은 앞서 보았듯이 표본의 크기가 클수록 명확해지며, 정규분포를 따르지 않는다면 데이터가 부족한 것이라고 했다. 정규분포를 따르는 가설을 검정하고자 할 때는 Z-검정[9]을 한다. 이 말은 데이터의 양이 많으면 많을수록 데이터 평균값의 차이가 정규분포를 따른다는 의미다. 즉, 대용

9 Z 검정은 가설을 Z 분포로 검증하는 방법으로, 집단 간 차이가 있는지를 밝히는 통계 기법이다.

량의 데이터에서 통계 검정을 진행할 때는 Z-검정을, 데이터 양이 적을 때는 t-검정을 진행해야 한다는 뜻이다.

그렇다면 모든 분석 대상을 정규분포로 만들려면 데이터의 크기가 커야만 된다는 말인데, 앞서 남녀의 연봉을 검증하고자 할 때 그 대상을 국민 전체로 한다면 데이터가 충분히 크다고 할 수 있지만, 특정 기업 또는 부서의 연봉 수준을 검증한다면 데이터의 크기가 충분히 크다 할 수 있을까? 이것은 데이터가 적어서 정규분포를 따르지 않는 가설을 검증해야 하는 상황이 있다는 뜻이다. 그래서 t-분포를 확인하는 t-검정이 진행된다.

그런데 데이터가 많다 또는 적다의 기준을 어디에 두어야 할지도 의문이 들 수 있다. 1,000건? 또는 10,000건? 아니면 더 많게 100,000건? 또한 매번 정규분포를 고려하며 분석을 진행해야 할까? 데이터가 100건이면 t-검정이고, 10,000건이면 Z-검정을 해야 하는 것일까? 결론적으로 두 검정 방법 모두 평균의 차이를 확인하고 확률범위(p-value, 유의수준)를 구하는 점은 같다. 따라서 두 집단 간 평균의 차이는 t-검정을 염두에 두고 진행하는 것이 일반적이다. 분석하고자 하는 대상의 데이터가 많아서 정규분포를 따른다고 t-검정이 불가능한 것은 아니기 때문이다.

이러한 흐름으로 볼 때 t-검정(t-분포)을 발견한 사람은 아마도 데이터를 충분히 확보할 수 없는, 즉 표본이 충분히 확보되지 않는 상황이 아니었을까.

t-분포의 발견, 윌리엄 고셋

대중화됐다고는 하지만 아직까지도 골프는 꽤 진입장벽이 높은 운동이다. 골프를 즐기려면 세 가지 조건이 충족돼야 한다는 말이 있다. 시간과 비용, 사람이다. 이와 마찬가지로 정규분포를 따를 만한 충분한 데이터를 확보하기 위한 조건을 들자면 아마도 골프를 즐길 수 있는 조건과 같게 시간과 비용, 사람이어야 하지 않을까 생각한다.

근대 통계학 연구가 활발히 시작된 19세기에는 데이터 수집이 지금보다 훨씬 어려웠다. 물론 지금도 원하는 결과를 얻기에 충분한 데이터는 쉽게 얻어지지 않는다. 필자만해도 아주 가끔은 데이터가 확보된 상태에서 데이터만으로 유추할 수 있는 결과를 기대한다. 결과를 위해 데이터를 수집하는 것이 아니라 무엇이든 데이터가 있으면 데이터를 보고 유의미한 결과를 찾는다. 그래도 우리는 데이터 홍수의 시대에 살고 있으니 그때보다 수월하긴 하다.

필자에게 근대 통계학에 가장 영향을 많이 준 학자 세 명을 뽑으라면 칼 피어슨과 로널드 피셔, 윌리엄 고셋이라 말하겠다. 세 명 모두 영국인이며 거의 같은 시대를 살았다. 이 중 윌리엄 고셋(William Sealy Gosset, 1876~1937)은 대학이나 연구실에서 공부한 것이 아니라 일반 회사에 근무하며 통계를 별도로 공부했다. 일반 직장인이다 보니 학자보다 데이터를 확보하기 위한 시간과 비용, 인력이 충분치 않았을 것이다.

고셋은 옥스퍼드 대학교에서 수학과 화학을 전공했다. 특정 학문에서 공로를 인정받은 대부분 사람이 학자의 삶을 살아온 것에 비추어 보면 그는 매우 독특한 이력을 가지고 있다. 고셋은 대학교 졸업 후 일반 기업에 입사해 평범한 직장인의 삶을 선택했다. 그가 취업한 기업은 지금도 흑맥주의 대명사로 유명한 아일랜드의 맥주회사 기네스Guinness였다. 고셋은 기네스의 양조장에서 근무하며 맥주 원료를 연구하고 수확물을 관리하고 감독했다. 그의 업무 중 맥주 원료를 연구하는 일이 데이터 분석을 하는 사람이 자주 활용하는 t-분포를 발견한 계기였다.

▲ 윌리엄 고셋, 1908[10]

필자가 개인적으로 존경하는 『나의 문화유산 답사기』의 저자 유홍준 선생의 강연을 들을 기회가 있었다. 그날 강연 내용 중에 일본에 대해 짧게 언급했는데, 그가 생각하기에 일본의 가장 큰 장점이자 부러운 점은 장인정신이라고 했다. 우리나라처럼 규모의 경제만을 생각하는 것과는 다르게 한자리에서 하나의 아이템으로 꽤 오랜 시간을 투자한다는 점이 매우 부럽다고 했다. 하다못해 붕어빵을 만들어도 전통을 따지는 일본인의 마인드가 작지만 소중하다고 말했다.

맥주도 그렇다. 맥주는 일본이 발생지는 아니지만 일본 어디를 가도 그 지역을 대표하는 수제 맥주가 있다. 이처럼 소규모로 그들만의 장점을 살려서 맛을 낸 맥주는 장인정신이 깃들여 있다. 우리가 흔히 마트에서 보는 대량 생산된 맥주와는 다르게 수제 맥주는 그것을 만드

10 위키피디아 en.wikipedia.org/wiki/William_Sealy_Gosset

는 사람의 경험이 녹아 저마다의 맛을 낸다. 하지만 경험에 의존한 결과는 항상 일정하지 않은 게 문제였다.

고셋이 근무했던 1900년대 초반의 기네스 역시 그들의 장인정신, 즉 양조 기술자가 가진 최고의 경험을 통해 맥주를 생산하는 회사였다. 그런데 고셋은 맥주 맛이 일정하지 않아서 불만이었다. 그는 일정한 맛을 내기 위한 연구를 결심했다. 맥주 맛을 결정하는 효모를 분석해 일정한 맛을 유지하는 효모의 양을 결정하는 데 통계 기법을 활용했다. 하지만 그에게는 충분한 시간도 비용도 더 중요한 인력도 없었다. 데이터 수집을 위한 3대 요소가 결핍된 그의 표본은 역시나 작았다. 그는 어떻게든 작은 표본으로 모집단을 추론해야 했다. 그때까지만 해도 표본이 작아 정규분포를 벗어나면 인정할 수 없는 오차가 나온다는 것이 정설이었다. 고셋도 이 점을 잘 알았기에 그의 연구는 고난의 연속이었다. 이 문제를 해결하고자 고셋은 작은 표본도 정규분포를 따를 거라고 가정하고 자유도[11]라는 개념을 통해 새로운 분포를 만드는데 이게 바로 t-분포다. 현대 통계 분석의 핵심이라 할 수 있는 t-분포가 맥주 맛을 위해 탄생했다니 매우 놀랍지 않은가?

고셋은 맥주의 맛을 일정하게 유지하기 위한 효모량을 알아내는 과정에서 우여곡절 끝에 발견한 t-분포 이론을 당연히 세상에 발표하고 싶었다. 회사에 허락을 구했지만 맥주 맛의 비밀을 세상에 공개하는 것은 너무 위험한 일이라며 반대했다. 회사의 반대로 묻힐 뻔했던 t-분포는 고셋의 기지로 세상의 빛을 보게 됐다.

---

11 degrees of freedom. 모집단에서 선택한 표본에 포함된 자료의 수다.

고셋은 논문을 발표하며 저자 이름에 실명 대신 학생student이라고 적었다. 그 이론이 유명한 스튜던트 t-분포[12]다. 이후로도 고셋은 student라는 평범한 가명으로 20여 편의 논문을 발표했다. 그가 작고한 뒤 학회에서 그를 기념하기 위한 모금의 일환으로 기네스를 방문해 student가 고셋이라는 사실을 알리기 전까지 회사는 이 사실을 까마득히 몰랐다.

THE PROBABLE ERROR OF A MEAN

BY STUDENT

Introduction

Any experiment may he regarded as forming an individual of a "population" of experiments which might he performed under the same conditions. A series of experiments is a sample drawn from this population.

Now any series of experiments is only of value in so far as it enables us to form a judgment as to the statistical constants of the population to which the experiments belong. In a greater number of cases the question finally turns on the value of a mean, either directly, or as the mean difference between the two quantities.

If the number of experiments be very large, we may have precise information as to the value of the mean, but if our sample be small, we have two sources of uncertainty: (1) owing to the "error of random sampling" the mean of our series of experiments deviates more or less widely from the mean of the population, and (2) the sample is not sufficiently large to determine what is the law of distribution of individuals. It is usual, however, to assume a normal distribution, because, in a very large number of cases, this gives an approximation so close that a small sample will give no real information as to the manner in which the population deviates from normality: since some law of distribution must he assumed it is better to work with a curve whose area and ordinates are tabled, and whose properties are well known. This assumption is accordingly made in the present paper, so that its conclusions are not strictly applicable to populations known not to be normally distributed; yet it appears probable that the deviation from normality must be very extreme to load to serious error. We are concerned here solely with the first of these two sources of uncertainty.

The usual method of determining the probability that the mean of the population lies within a given distance of the mean of the sample is to assume a normal distribution about the mean of the sample with a standard deviation equal to $s/\sqrt{n}$, where s is the standard deviation of the sample, and to use the tables of the probability integral.

But, as we decrease the number of experiments, the value of the standard deviation found from the sample of experiments becomes itself subject to an increasing error, until judgments reached in this way may become altogether misleading.

In routine work there are two ways of dealing with this difficulty: (1) an experiment may he repeated many times, until such a long series is obtained that the standard deviation is determined once and for all with sufficient accuracy. This value can then he used for subsequent shorter series of similar experiments. (2) Where experiments are done in duplicate in the natural course of the work, the mean square of the difference between corresponding pairs is equal to the standard deviation of the population multiplied by $\sqrt{2}$. We call thus combine

▲ 윌리엄 고셋이 t-분포를 발표한 논문[13]

12 student's t-distribution, 학생이 발표했다고 해서 붙여진 이름이다.

13 aliquote www.aliquote.org/cours/2012_biomed/biblio/Student1908.pdf

4장

일송정 푸른 솔과 같은 근대 수리 통계의 선구자들

회귀분석과 상관분석,
모집단과 표본

일송정 푸른 솔과 같은 근대 수리 통계의 선구자들

나 돌아갈래 - 프랜시스 골턴과 회귀

베르나르 베르베르의 잡학 서적 『상상력 사전(열린책들, 2011)』은 인류의 자존심이 상하는 세 가지 사건을 언급한다.

첫 번째 사건은 니콜라우스 코페르니쿠스(Nicolaus Copernicus, 1473~1543)가 주장한 지동설이다. 그는 지구가 우주의 중심이며 모든 천체가 지구를 중심으로 돈다는 진리를 보기 좋게 무시했다.

두 번째 사건은 인간의 모든 행위는 자아를 뛰어 넘는 고상한 업적이 아닌 단순히 이성을 유혹하고자 하는 욕망의 그림자일 뿐이라는 지그문트 프로이트(Sigmund Freud,1856~1939)의 주장이다.

마지막 세 번째 사건은 찰스 다윈(Charles Robert Darwin, 1809~1882)의 진화론이다. 인간은 조물주가 만든 유일무이한 피조물이 아닌 다른 동물에서 진화된 하나의 개체일 뿐이라는 주장이다. 여기서 세 번째 사건인 찰스 다윈과 관련된 다음 이야기를 살펴보자.

▲ 프랜시스 골턴[14]

찰스 다윈에게는 그만큼이나 독특한 사상으로 무장한 사촌 동생 프랜시스 골턴(Francis Galton, 1822~1911)이 있었다. 두 사람은 서로를 존경하며 각자의 위치에서 자신의 연구 분야를 공고히 했다.

골턴은 그의 사촌 형인 다윈에게서 많은 영향을 받았는데, 하루는 다윈의 『종의 기원』을 읽고 유전자라는 어마어마한 영향력을 가진 세계를 접하게 됐다. 그리고 유전자가 중요하며 우월한 집안에서 우월한 유전자가 나온다는 결론에 도달했다.

골턴은 훌륭한 사람은 그가 처한 환경보다 유전자에 많은 영향을 받는다고 확신했다(우생학). 그래서 이러한 유전적 우월성을 구체적으로 증명하기 위해 그의 사촌 형 다윈처럼 주변 사람들의 키를 전수 조사하러 다녔다.

골턴의 주장은 아버지의 키가 크면 자식도 아버지만큼 키가 크는 유전자를 물려받는다는 것이었다. 골턴이 조사해 보니 아버지가 키가 큰 아이들이 또래보다 키가 컸다. 여기에는 뭔가 의심쩍인 점이 있었

14 위키피디아 commons.wikimedia.org/wiki/File:Francis_Galton_1850s.jpg

다. 키가 큰 아버지의 자식들이 또래보다 키가 크긴 했지만 아버지만큼 크지 못한다는 사실이었다.

골턴은 키가 큰 사람의 자식이 부모보다 더 커지면 키 큰 유전자를 물려받는 자손은 끝도 없이 자랄 것이고, 반대로 키가 작은 집안의 자손들은 계속 작아질 테니 적정 수준까지 큰다고 보았다. 그리고 사람들이 얼마까지 크는가를 고민했다.

조사 결과를 살펴보던 골턴은 놀라운 사실을 발견했다. 그가 조사한 대상 세대별 평균 키를 구하고 전체 대상의 키를 해당 평균을 기준으로 점을 찍어 분포를 확인했더니 아버지의 키가 아무리 커도 자식의 키는 평균보다는 크지만 해당 세대 평균에 가깝게 분포했다(중심극한정리). 즉, 키가 큰 아버지는 그보다 조금 작은 자식을, 키가 작은 아버지는 그보다 조금 큰 자식을 갖게 된다는 결과였다. 골턴은 이 놀라운 발견을 평균으로의 회귀regression toward mean라는 이름으로 공표했다.

이처럼 모든 현상이 평균으로 회귀하려는 사실에 기초한 분석이 바로 회귀분석regression analysis이다. 회귀분석은 두 요인 간의 인과관계를 파악해 미래를 예측하고 설명하는 대표적인 데이터 분석 기법이다. 여기서 두 요인이란 독립변수와 종속변수를 의미하는데, 독립변수란 예측하고자 하는 결과의 원인으로 가정한 변수를 의미한다. 따라서 아버지의 키가 큰 것을 보고 아들의 키가 클 거라고 예측했다면 아버지의 키는 아들의 키가 클 거라고 예측한 원인인 독립변수가 된다. 종속변수는 독립변수가 원인이 돼 예측할 수 있는 결괏값을 말한다. 즉 아버지의 키에 영향을 받은 아들의 키가 종속변수다.

광고비를 늘리면 매출이 상승할까? 담뱃값을 올리면 흡연율이 줄어들까? 연봉이 높아지면 소비가 늘어날까?처럼 우리 주변에는 인과관계로 설명하는 많은 이야깃거리가 있다. 여기서 광고비, 담뱃값, 연봉은 독립변수이고 매출, 흡연율, 소비는 예측 가능한 종속변수다.

그러나 많은 것을 예측하고 설명하는 강력한 회귀분석에는 한 가지 간과해서는 안 될 것이 있다. 바로 독립변수와 종속변수의 관계다. 전혀 관련 없는 두 변수를 독립변수와 종속변수로 결정해 예측하면 전혀 의미 없는 분석이 되고 만다. 회귀분석으로 예측하려면 독립변수와 종속변수의 상관관계가 명확해야 예측 결과가 유의미해진다.

$$LNREV_{i,t} = \beta_0 + \beta_1 LNMSG_{i,t} + \beta_2 RATING_{i,t} + \beta_3 SCRN_{i,t} + \beta_4 CRATING_i + \beta_5 NEW_t + \beta_6 AGE_t + \epsilon_t$$

		1주	2주	3주	4주	5주	6주	7주	8주
CONST 상수항		17.96	18.65	17.34	14.49	13.17	12.16	11.38	11.45
		0.00**	0.00**	0.00**	0.00**	0.00**	0.00**	0.00**	0.00**
LNMSG 구전크기		0.37	0.30	0.36	0.43	0.42	0.42	0.63	0.59
		0.00**	0.00**	0.00**	0.00**	0.00**	0.00**	0.00**	0.00**
RATING 구전방향		0.03	0.05	0.11	0.20	0.22	0.28	0.17	0.18
		0.05*	0.00**	0.00**	0.00**	0.00**	0.00**	0.02**	0.06*
SCRN 개봉관수		0.00	0.01	0.01	0.02	0.02	0.03	0.03	0.04
		0.00**	0.00**	0.00**	0.00**	0.00**	0.00**	0.00**	0.00**
CRATING 전문가평점		−0.06	−0.07	−0.09	−0.13	−0.09	−0.05	−0.02	−0.06
		0.00**	0.00**	0.00**	0.00**	0.01**	0.18	0.73	0.23
NEW 10위권내 t주 개봉작수		−0.03	−0.11	−0.11	0.00	−0.03	0.01	0.00	−0.09
		0.22	0.00**	0.00**	0.98	0.76	0.91	0.98	0.62
AGE 10위권내 영화 평균상영기간		0.06	−0.11	−0.15	−0.02	0.17	0.07	0.19	0.36
		0.22	0.02**	0.01**	0.86	0.27	0.67	0.42	0.18

* : p<0.1 **: p<0.05

▲ 회귀분석을 통한 연구의 예[15]

15 「온라인 구전과 영화 매출 간 상호영향에 관한 연구」 배정호, 김병도, 심범준. (2010), 한국마케팅저널 Vol.12 No.2, 1-25

근대 수리 통계학의 아버지 - 칼 피어슨과 상관분석

데이터 분석과 이에 기본이 되는 통계는 넓은 의미로 인류의 역사와 함께 한다고 해도 과언이 아니다. 동양의 사주팔자와 주역, 서양의 타로 등 점을 치는 행위 역시 데이터 분석의 하나라 할 수 있다.

일반적으로 통계는(여기서 통계는 수학적 근거에 기반을 둔 수리 통계를 지칭한다) 학문적으로 수학이나 통계학 관련 전공에서 깊이 다루지만, 대부분의 학문에서도 필수로 익히고 학습해야 하는 중요한 분야다. 특히 연구를 목적으로 하거나 기업에서 데이터를 전문적으로 분석한다면 필수 불가결의 요소다.

이러한 수리 통계학의 기초를 다진 사람은 영국의 유명한 수학자 칼 피어슨(Karl Pearson, 1857~1936)이다. 그는 1857년 영국 런던에서 태어나 케임브리지Cambridge 대학교에서 수학을 전공했다. 케임브리지 대학교를 졸업하고 독일 하이델베르크 대학교University of Heidelberg와 베를린 훔볼트 대학교Humboldt University of Berlin에서 철학과 법학 등 다양한 학문을 공부했다. 이후 다시 영국으로 돌아와 유니버시티 칼리지 런던University College London에

▲ 칼 피어슨[16]

16 위키피디아 commons.wikimedia.org/wiki/File:Karl_Pearson,_1910.jpg

서 수학과와 통계학과 교수로 대부분 생을 보냈다.

피어슨은 1911년 유니버시티 칼리지 런던에 세계 최초의 통계학과인 응용통계학과Department of Applied Statistics를 설립하고 첫 번째 교수가 됐다. 이런 것만 봐도 그가 통계학에 끼친 영향력을 충분히 알 수 있다. 또한, 피어슨은 통계학의 기초를 정립한 수학자이기 이전에 다양한 분야를 두루 경험하고 공부한 다재다능한 인물이었다.

유전적인 현상을 설명함에 있어 통계는 더없이 좋은 도구다. 데이터 분석의 핵심 기법으로 인식되는 회귀분석에서 회귀regression라는 용어를 최초로 사용한 사람은 앞서 살펴봤듯이 프란시스 골턴이었다. 골턴은 유전학(정확하게는 우생학을 창시했다)을 연구하며 회귀의 개념을 정립했다. 그런데 왜 다시 골턴 이야기로 돌아갈까?

골턴은 회귀의 개념을 정립하며 영향을 주는 요인과 영향을 받는 요인(독립변수와 종속변수) 사이에 대칭관계가 있음을 발견하고 이를 상관correlation이라고 이름을 붙였다(회귀분석에서 독립변수와 종속변수의 관계는 매우 중요하다).

여기서 문제가 생겼다. 회귀분석에서는 독립변수와 종속변수가 서로 관련이 있어야 분석이 의미가 있다. 따라서 두 요인의 관련성을 확인할 값이 필요한데, 골턴이 구한 상관관계의 값은 한쪽이 높으면 함께 높아지고 한쪽이 낮으면 함께 낮아지는 값(양의 상관관계, 0~1 사이의 양수 값만을 가짐)만 도출됐다. 그러나 모든 독립변수와 종속변수가 양의 상관관계인 것은 아니다. 물론 골턴이 분석한 독립변수와 종속변수가 모두 양의 상관관계를 보였을 수도 있다.

왜 골턴의 분석에서는 이처럼 양의 상관관계만 도출된 것일까? 아마도 골턴은 통계학자가 아닌 유전학자에 더 가까웠기 때문일 것이다. 통계를 기반으로 유전적 현상을 설명해야 했는데, 두 요인이 서로 관련이 없다는 설명을 하기가 부담스러웠을 것이었다. 본인의 이론은 유전적 영향력에 대한 것이기 때문에 음의 상관관계가 도출돼 유전적으로 관련이 없다는 결론을 내리기가 쉽지 않았을 것이다 그래서 골턴은 자신의 고민을 수학에 일가견이 있으면서 유전학에도 조예가 깊은 사람에게 던지기로 했다. 바로 칼 피어슨이다. 골턴은 피어슨을 찾아가 좀 더 구체적인 상관계수를 뽑아달라고 부탁했다(이해를 돕기 위해 필자가 각색한 이야기임을 밝힌다).

피어슨은 한마디로 거절했지만, 골턴은 이에 굴하지 않았다. 몇 번의 요청과 거절이 오간 후 마침내 피어슨은 이를 증명해 보기로 결심하고 골턴의 요청을 수락했다.

이렇게 해서 탄생한 것이 데이터 분석에 두루 활용하는 피어슨 상관계수Pearson correlation coefficient다.

피어슨 상관계수는 -1에서 +1 사이의 값을 취한다. 0을 기준으로 값이 0보다 작은 음수는 음의 상관관계라고 하며 두 변인 간에 관계가 없음을 나타낸다. 값이 양수면 양의 상관관계라고 하며 두 변인 간에 관계가 있다는 의미다. -1에 가까울수록 강한 음의 상관관계를, +1에 가까울수록 강한 양의 상관관계를 나타낸다.

이러한 상관분석은 '연봉과 소비는 관련이 있을까? 키와 몸무게는 관련이 있을까?'처럼 두 변수 간의 관계와 연관 정도를 설명한다. '연봉이 높으니 소비가 많을 것이다. 키가 커서 몸무게가 무거울 것이다.'라는 말은 상관분석으로는 설명할 수 없다. 이 부분이 매우 중요하다. 정리하면 상관분석은 두 변수의 관계만을 설명하지, 두 변수 간의 원인과 결과를 나타내는 인과관계는 설명하지 않는다.

그러나 연관성이 있어야 원인과 결과가 도출되기에 인과관계를 찾아 분석할 때는 변인 간의 상관관계가 반드시 있어야 한다. 담뱃값과 흡연율의 관계, 신제품과 매출의 관계, 혈압과 당뇨의 관계 등 우리 주변에는 관련성을 판단해야 하는 일이 매우 많다.

	CS	Industry	Listed	Num	Age	EVA	ROA
CS	1.000						
Industry	0.416*	1.000					
Listed	0.295*	0.250*	1.000				
Num	0.176	0.342*	0.160*	1.000			
Age	0.257*	0.327*	0.321*	0.226*	1.000		
EVA	0.239*	0.172*	0.226*	0.536*	0.088*	1.000	
ROA	0.127	0.092	0.058	0.146*	0.063	0.104*	1.000

주 1) * 유의수준 5%에서 유의함을 의미

▲ 상관분석을 통한 연구의 예[17]

근대 수리 통계학의 창시자 - 로널드 피셔와 표본

통계학의 수학적 기초를 확립한 칼 피어슨이 근대 수리 통계학의 아버지라면 이번에 소개할 사람은 근대 수리 통계학에 생명을 불어넣은 이 분야의 절대 권력자라 할 수 있다.

어느 분야든 경쟁 상대가 있다는 것은 해당 분야의 발전과 함께 몸담고 있는 사람들이 함께 발전하는 기회가 된다는 의미가 있다. 피겨 스케이팅을 넘어 한국 스포츠 역사에 영웅으로 기억될 김연아 선수에게는 일본의 아사다 마오라는 경쟁 상대가 있었고, 축구 선수인 호날두와 메시는 동시대를 관통하며 서로의 기량을 더욱 발전시키고 있다.

---

17 「고객만족이 기업의 수익성과 가치에 미치는 영향」 이유재, 이청림. (2006), 마케팅연구 제21권 제2호, 85-113

▲ 로널드 피셔[18]

칼 피어슨 또한 그가 활동할 당시 경쟁 상대인 로널드 피셔(Ronald Aylmer Fisher, 1890~1962)가 있었기에 통계학의 학문적 위치가 더욱 견고해졌다.

피어슨과 피셔는 사실 매우 불편한 관계였다고 한다. 피어슨의 견제가 싫었던 피셔가 급기야 고향까지 버렸다니 둘 사이가 어땠을지 짐작이 된다. 둘은 같은 시대에 살았지만 엄밀히 따지면 피셔는 피어슨의 학교 후배이자 제자였고, 나이도 30살이나 어렸다. 그런 피셔가 피어슨과 대립하며 학문적 견해를 굽히지 않은 것을 보면 그가 얼마나 강단이 센지 짐작할 수 있다.

피셔는 어려서부터(8살 때 캠브리지 대학교에서 청강을 했다는 기록이 있다) 천재 소리를 들으며 자랐고 대학도 장학생으로 입학해 최우수 성적으로 졸업했다. 학문적 업적을 이루기 전부터 이미 유명세를 탄 인물이었다.

이 시기에 유전학과 통계학은 매우 밀접한 관계를 형성하고 있었다. 크게 피어슨을 중심으로 한 생물측정학파^biometricians^와 윌리엄 베이트슨(William Bateson, 1861~1926)을 중심으로 한 멘델학파^Mendellians^가 있었는데, 이 두 학파의 지루한 공방과 논쟁을 일시에 종식시킨 인물이 바로 피셔다.

---

18 위키피디아 commons.wikimedia.org/wiki/File:R._A._Fischer.jpg

앞서 소개한 것처럼 현대 통계 분석은 분석하려는 대상의 특성을 파악하고자 통계적 가설을 정하고 전체로부터 표본을 추출해 가설 검정으로 추론하는 것이 일반적이다. 피셔는 이 부분에도 영향을 미쳤는데, 분석 대상 전체(모집단)와 전체에서 추출한 일부(표본)를 명확하게 분리하였고 일부를 통해 전체에 대한 분석과 추리가 가능하다는 방법을 귀무가설로 증명했다. 이후 피셔는 추측 통계학, 즉 추계학stochastic을 창시하고 통계학 발전에 한 획을 그었다.

피셔의 업적은 일일이 열거하거나 설명하기에 벅찰 정도지만 그의 업적 중에서도 선택된 일부가 전체를 대변할 수 있다는 점을 수학적으로 증명한 점은 데이터를 다루는 모든 이들에게 기립박수를 받아 마땅하지 않을까 생각한다.

그러면 귀무가설null hypothesis을 최초로 사용한 피셔는 과연 어떻게 이 용어를 사용하게 된 것일까?

미각은 음식의 맛을 구별하는 감각을 지칭한다. 이 미각이 귀무가설과 매우 밀접한 관련이 있다. 한 일화를 살펴보자.

차tea는 인간이 마시는 음료 중 가장 오랜 역사와 전통을 자랑한다. 17세기 네덜란드 동인도 회사를 통해 처음 차를 접한 영국은 차 문화가 급속도로 성장해 티 타임tea time이라는 말까지 생겼다. 19세기가 되자 영국의 귀부인들 사이에서는 차 맛을 구별하고 그 깊이를 음미할 줄 아는 것이 귀족 문화의 핵심으로 인식됐다.

영국의 뮤리엘 브리스톨(Muriel Bristol, 1888~1950) 박사는 그 시대의 여느 부인들처럼 차를 마시고 맛을 음미하는 것에 매우 중요한 의미를 부여했다. 어느 날 그녀가 항상 가는 까페에서 매번 마시는 차를 주문하고 시간을 보내고 있었다.

그날따라 차 맛이 평소와 달랐다. 이를 의아하게 생각한 그녀는 다시 한 번 차를 마셔보았다. 평소와 달리 차에 우유를 먼저 넣고 차를 따랐음을 파악한 그녀는 즉각 종업원을 불러 평소처럼 차를 먼저 따르고 우유를 나중에 넣어달라고 요청했다. 종업원은 의아해했지만, 그녀가 부탁한 대로 다시 차를 가져다주었다. 이후 그녀는 자신을 비롯한 영국 대부분의 귀부인이 우유와 차를 넣는 순서에 따른 차 맛의 차이를 명확하게 구분할 수 있다고 공공연히 말하고 다녔다.

이 소식을 들은 피셔는 브리스톨의 주장에 궁금증이 생겨 조사를 해보기로 했다. 조사에 앞서 그는 브리스톨의 주장이 전혀 터무니없지는 않지만, 제조 순서에 따른 차 맛의 차이를 구별하기 어렵다는 쪽에 무게를 두고 '귀부인들은 차 맛을 구분하기 어렵다'라는 암묵적인 결론을 설정했다. 그는 주변에서 차 맛을 안다는 귀부인들을 초대했다. 그리고 총 8잔의 차를 준비해 4잔은 우유를 먼저 넣고 나머지 4잔은 차를 먼저 넣어 부인들이 모인 탁자 위에 무작위로 올려놓았다. 그리고 다음과 같이 말했다.

"자 탁자 위에 8잔의 차가 준비돼 있습니다. 한 잔씩 천천히 시음해보시고 우유가 먼저 들어갔다고 생각되면 왼쪽으로, 차가 먼저 들어갔다고 생각되면 오른쪽으로 잔을 놓아 주세요." 그곳에 모인 부인들은 차를 한 잔씩 음미했다. 그런데 놀랍게도 부인들은 모두 정확하게 차 맛을 구별해 잔을 분리했다.

이 실험에서 피셔는 그의 암묵적인 결론(우유와 차를 넣는 순서에 따른 차 맛의 차이를 구분하기 어렵다)을 좀 더 명확하게 설명하기 위해 확률을 적용했다. 총 8개의 잔에서 다른 4개의 잔을 선택해 나올 수 있는 경우의 수는 70가지고, 이 중에서 3개는 정확히 구별하고 1개 이하로 틀린 경우에는 부인들이 차 맛을 구별할 수 있다고 판단하는데, 그 확률은 24.3%(22.8%+1.4%)였다. 따라서 무작위 실험에서 3잔 이상을 정확하게 구별할 확률 24.3%보다 결과가 높다면 '부인들이 차 맛을 구분하기 어렵다'는 그의 암묵적인 결론을 포기하기로 했다.

차 선택	경우의 수	확률	가설검증
모두 맞힌 경우	1 X 1 = 1	1 / 70 = 1.4%	거짓
분리된 4잔에서 1잔만 틀린 경우	4 X 4 =16	16 / 70 = 22.8%	
분리된 4잔에서 2잔이 틀린 경우	6 X 6 = 36	36 / 70 = 51.4%	참
분리된 4잔에서 3잔이 틀린 경우	4 X 4 =16	16 / 70 = 22.8%	
모두 틀린 경우	1 X 1 = 1	1 / 70 = 1.4%	
전체	70		

▲ 차를 선택하는 경우의 수와 확률

부인들의 차감별 시험lady tasting tea 과정과 이론을 담은 피셔의 책 『실험 계획법The Design of Experiments』에서 그는 암묵적으로 설정한 결론인 '부인들은 차 맛을 구분하기 어렵다'라는 가정을 'null hypothesis'라 한 데서 귀무가설이 유래했다. 그가 세운 귀무가설이 맞다는 것을 증명하기는 어렵지만 이 가설이 거짓이라는 것은 증명할 수 있었고, 가설은 거짓이 됐다. 따라서 이 가설의 반대인 '부인들은 차 맛을 구분할 수 있다'를 증명했다.

현재의 통계는 가설과 표본으로 설명된다. 물론 피셔가 설명한 귀무가설은 현재의 귀무가설과 정확하게 일치한다고 할 수 없다. 그러나 그가 설명한 이론이 현재 데이터 분석 분야에 영향을 줬다는 것은 무시할 수 없는 사실이다.

Q2 **데이터 과학자는 어떤 일을 하는 사람인가요?**

A 참고로 필자는 데이터 과학자가 아니다. 부담스럽다. 굳이 데이터와 연결해 필자를 소개한다면 필자 스스로를 '데이터 플레이어data player'라고 칭하겠다. 21세기 가장 섹시한 직업이라는 데이터 과학자가 어떤 사람을 지칭하는지는 솔직히 모르겠다. 일단 필자는 과학자가 아니다. 학자라는 호칭에서 오는 위화감이 싫고 역량도 안 된다.

이런 질문을 받으면 데이터 과학자가 어떤 사람인지 정확히 잘 모르지만, 뛰어난 통계 분석 능력을 기반으로 적절한 알고리즘을 이용해 대용량 데이터를 분석할 능력이 있고, 새로운 가치를 창출하며 이를 유연하게 해석할 수 있는 사람이라고 답한다. 너무 교과서적인 답변이긴 하다.

다른 시각에서 보자. 데이터 과학자의 주된 업무가 데이터 분석에서 출발한다면 수리 통계는 데이터 과학자에게 절대적으로 중요한 소양이다. 또한 데이터 과학자는 비판적 사고를 가져야 한다. 이 말은 호기심을 포괄하는 의미인데, 매우 중요한 덕목이다.

결론을 정하고 데이터를 대입하는 것이 아니라 데이터를 보고 유추될 결론을 상상하는 능력을 말한다. 이것은 필자가 반복적으로 연습하고 훈련하는 주된 역량이다. 어떤 데이터라도 그것에 활용할 만한 가치를 연결하는 능력은 데이터 분석을 주된 직업으로 하는 사람들에게 큰 도움이 된다.

이러한 훈련과 습관은 창의력과도 연결된다. 데이터로 보는 세상은 쳇바퀴처럼 돌고 도는 현실과 많이 다르다. 어떤 관점으로 현상을 보느냐에 따라 데이터는 완전히 새로운 방향을 제시할 수 있다. 매번 반복적인 업무와 생활 습관을 가진 사람은 그것이 당연하다고 생각하지만, 데이터로 보면 이런 생각과 흐름이 잘못됐다는 것을 알 수 있다.

데이터를 다루는 주변 사람들을 보면 대체로 개혁적인 성향을 가진 사람이 많다. 모두는 아니지만 조직의 혁신과 관련된 업무에 투입되는 경우가 많은 이유일 것이다. 의식적으로 다르게 보는 시각을 가져보자. 남들과 시각이 똑같다면 데이터 과학자라는 가장 섹시한 직업을 갖기에는 부족하지 않을까? 많은 분야의 서적을 읽고 생각의 폭과 시야를 충분히 넓히는 훈련을 게을리하지 말자.

2부

배경 II

5장

세상은 흑과 백만으로 설명할 수 없다

세상의 모든 현상은 흑과 백으로 나누듯
두 집단만으로 비교할 수 없다

세상은 흑과 백만으로 설명할 수 없다

가까이, 가까이, 더 가까이 - 분산

이 장은 본격적인 데이터 분석 기법으로 가기 전 마지막 정거장쯤으로 생각하고 가벼운 마음으로 접근해 주길 바란다. 먼저 분산분석이라는 첫 번째 보너스 정거장으로 가기 전에 주변의 경치부터 둘러보자.

평균은 데이터 분석과 떼려야 뗄 수 없는 불가분의 관계다. 앞에서 표준편차와 분산에 관해 잠깐 언급했는데, 여기서는 한 발짝 더 들어가 분산을 좀 더 깊이 이야기해 보자.

과연 내가 받는 연봉은 대한민국 평균 연봉과 비교했을 때 어느 정도 수준일까? 직장인이라면 누구나 궁금할 만한 질문이다. 대한민국 근로자의 평균 연봉이 4,000만 원이라면, 내 연봉은 평균 연봉과 같을 수도 적거나 많을 수도 있다. 이와 같이 기준 값에서 비교하려는 대상

값(확률값)이 얼마나 떨어져 있는지를 나타내는 척도가 분산이다. 다시 말해 분산은 임의의 근로자 연봉을 선택하고 해당 근로자들의 연봉이 평균에서 얼마나 떨어져 있는가를 가늠하는 숫자다.

분산은 편차(확률값 - 기댓값)를 제곱한 값의 총 합을 표본의 개수로 나눈 것이다. 분산이 0에 가깝다는 것은 표본(데이터)이 기댓값에 가깝게 분포함을 의미한다.

그런데 생소한 용어가 등장했다. 바로 확률값과 기댓값이다. 모집단과 표본을 설명하며 확률의 개념이 중요하게 작용한다고 했다. 모집단으로부터 표본을 선택하는 과정은 당연히 확률이다. 해당 표본에서 특정 데이터를 선택한다고 가정해 보자. 표본에서 어떤 데이터가 선택될지 미리 정해지지 않은 상황에서 보면 이 역시 확률이다. 선택한 데이터가 무엇이 될지 알 수 없을 때 우리는 그 값을 'x'라고 표현하고 통상 '변수'라고 지칭한다. 이것이 바로 데이터 분석에서의 확률변수random variable다. 그리고 이러한 확률변수들의 평균을 기댓값이라 한다. 앞에 나온 분산은 확률변수가 기댓값으로부터 얼마나 떨어져서 나타나는지를 확인하는 척도다. 그리고 이러한 분산을 비교해 가설을 검정하는 분석을 분산분석이라 한다. 이 분산분석을 이해하는 데 필요한 몇 가지 용어를 살펴보자.

확률변수는 무작위로 선택된 값을 열거해 헤아릴 수 있음을 의미하는 이산확률변수와 임의의 값을 갖는 연속확률변수로 나눌 수 있다. 전자는 '이산가족'의 이산을 생각하면 쉽다. 이산확률변수는 변수 x1과 x2가 각각 1과 2의 값을 가질 때 변수 x1과 x2를 전혀 별개의 사건으로 본다. 이와 반대로 연속확률변수는 변수 x1과 x2 사이의 모든 실수가 변화하며 연속적으로 발생하는 같은 사건의 연장으로 본다.

값이 별개로 발생하는 이산확률변수를 예로 들면, 친구와의 통화 횟수, 문자 횟수, 1가구당 거주하는 세대 수, 한 달간 일어난 교통사고 수 등이다. 우리집에는 4명이 거주하고 옆집에는 2명이 거주하면 우리집의 거주 인원과 옆집의 거주 인원은 완전히 별개다.

연속확률변수의 예로는 대한민국 근로자의 평균 연봉, 특정 지역에 거주하는 사람들의 몸무게와 키 등이 있다. 몸무게가 작년에 70kg이었는데 올해 72kg이 됐다면 이는 두 값이 동 떨어져 나타난 것이 아니라 70kg에서 연속적으로 값이 상승해 72kg이 됐다는 의미다. 이러한 확률변수가 가질 수 있는 값(확률값)과 그 값이 나올 확률과의 관계(대응)를 확률분포라 한다. 확률분포로는 크게 이산확률분포와 연속확률분포가 있다.

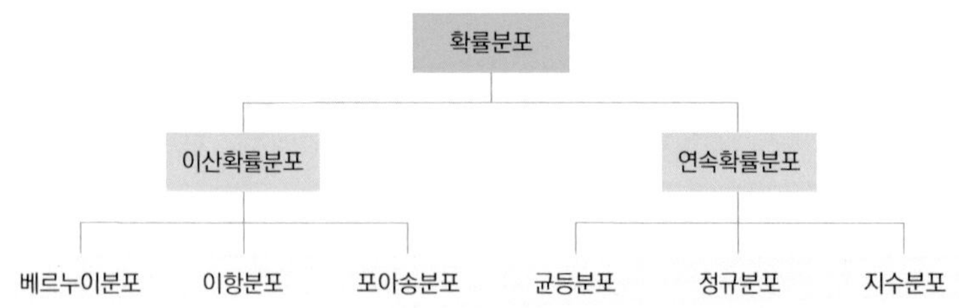

▲ 확률분포의 종류

그림에서 보듯이 세상의 모든 현상을 설명하는 정규분포 또한 연속확률분포의 하나다. 이로써 통계(데이터 분석을 포함한)는 확률과 정말 밀접한 관련이 있다는 것을 다시 한번 확인할 수 있다.

분산 관련 용어를 하나 더 살펴보자. 앞에서 설명한 피어슨의 상관계수를 떠올려 보자. 상관계수는 두 개의 확률변수 x와 y가 양의 상관인지 음의 상관인지를 0을 기준으로 -1 과 1 사이의 값으로 나타낸다. 이와 비슷한 개념으로는 공분산covariance이 있다. 공분산은 두 확률 변수의 상관관계를 파악해 하나의 일직선(선형)상에 표현할 때 0보다 큰 경우(정의 관계)와 0인 경우(관계없음), 0보다 작은 경우(부의 관계)를 나타내는 척도를 의미한다.

그러면 공분산과 상관계수는 어떤 차이가 있을까? 공분산은 선형 관계가 있는지, 없는지만을 나타낼 뿐 값을 명확하게 제시하지는 못한다. 즉, 얼마만큼의 정의 관계인지 또는 부의 관계인지, 그 값이 얼마가 돼야 하는지에 대한 설명이 없다. 반면, 상관계수는 명확한 값을 제시한다. x가 n만큼 크면 y도 n+1만큼 늘어나거나 줄어든다고 설명할 수 있다.

분산분석과 실험 계획법

분산분석analysis of variance, ANOVA은 가설을 검증하는 방법이다. 앞서 t-검정을 통해 가설 검증을 했지만, 분산분석으로도 가설 검증을 할 수 있다. 물론 두 방식에는 약간의 차이가 있다.

서울에 거주하는 사람과 경기도에 거주하는 사람 중 어느 지역 사람이 삶의 만족도가 높을까? '서울에 사는 사람이 경기도에 사는 사람보다 삶의 만족도가 높다'라는 귀무가설을 세우고 이를 검증하기 위해 t-검정을 수행한다. 여기까지는 앞서 살펴본 내용과 크게 다르지 않다. 그런데 서울과 경기도, 인천시에 거주하는 사람들까지 포함해 삶의 만족도를 분석하면 어떨까? 역시나 t-검정을 수행하면 될까? 대답은 아니다다. t-검정은 두 집단의 검정만 가능하며, 2개 이상의 집단을

▲ 분산분석

비교 검정할 때는 분산분석을 수행해야 한다.

't-검정을 통해 두 집단씩 검정하면 되지 않을까?'란 의문이 들 수도 있다. 맞다. 서울과 경기, 경기와 인천, 서울과 인천의 순으로 검정해 비교해도 된다. 하지만 집단이 항상 3개 일리는 없다. 4개일 수도, 5개 또는 그 이상일 수도 있다. 또한 이렇게 검정을 진행하면 가설검정의 두 가지 오류 중에서 제1종 오류(귀무가설이 참임에도 불구하고 거짓으로 오판한 결과)를 범할 소지가 있다.

서울-경기-인천을 가정해 보면 다음과 같은 오류를 포함한 결론이 도출된다. 먼저 서울과 경기를 비교해 보니 서울시민의 삶의 만족도가 높았다(서울>경기). 두 번째로 경기와 인천을 비교해보니 경기도민이 인천시민보다 삶의 만족도가 높게 나왔다(경기>인천). 여기까지 진행한 결과를 놓고 볼 때 서울시민은 인천시민보다 삶의 만족도가 높다는 결론을 유추할 수 있다. 그러나 실제 조사해 보니 인천시민의 삶의 만족도가 서울시민보다 높게 나왔다(서울<인천). 이때 분산분석을 수행한다. 그래도 t-검정을 진행하겠다면 어쩔 수 없다. 검정을 단 한 번 할 수도 있고, 몇 번 수행할 수도 있다. 여러분은 어떤 방식을 선택하

겠는가?

분산분석은 비교 검정하고자 하는 집단들의 평균이 다를 때 집단들의 분산을 비교해 생성된 F-분포로 가설을 검정하는 방법이다. 분산분석의 개념을 정립하고 만든 사람은 앞서 소개한 로널드 피셔다. F-분포의 F도 피셔의 이름에서 'F'를 따서 명명됐다.

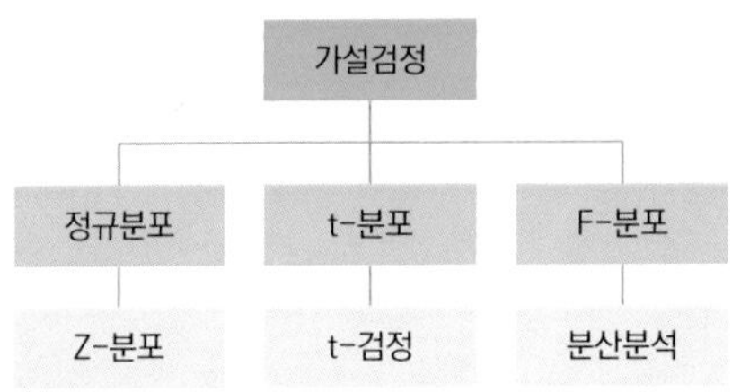

▲ 가설검정의 종류

피셔는 그의 저서 『실험 계획법』에서 농작물 비교 실험을 논하며 분산분석의 개념을 전개했다. 여기에는 세 가지 핵심적인 원리가 있다. 무작위randomization와 반복reiteration, 통제blocking란 개념이다.

세 개념을 예로 살펴보자. 평범한 샐러리맨 전박봉 과장은 매주 아이들과 함께 주말농장을 운영했다. 주로 방울토마토를 재배했는데, 이 경험을 바탕으로 이번에는 좀 더 좋은 품질의 방울토마토를 얻고자 다음 실험을 계획했다. 총 30개의 모종을 대상으로 각기 다른 세 가지 비료를 공급하고 그 맛을 평가해 가장 맛있는 방울토마토를 생산한 비료를 내년에도 사용할 계획이다.

자 그럼, 방울토마토 모종을 어떻게 선택하고 어떤 비료를 공급할까? 앞에서부터 10개씩? 또는 뒤에서부터? 아니면 3의 배수로 결정해 비료를 공급할까? 이도 저도 아니면 임의로 30개의 모종을 뽑아 각기 다른 비료를 투입할까? 임의로 모종을 잘 선택했다 해도 해당 모종에 어떤 비료를 공급할지를 생각해 봐야 한다. 'A 모종에는 1번 비료를 주고 싶다' 같은 실험자의 의지가 반영되면 좋지 않다. 가장 좋은 방법은 임의로 모종을 선택하고 임의로 비료를 공급하는 방식이다. 분석 대상의 선택은 실험자가 얼마나 주관적인 생각을 배제하고 객관적으로 대상을 선정하는가의 문제다. 이것이 바로 분산분석의 첫 번째 핵심 원리인 무작위다.

The
Design of Experiments

By

Sir Ronald A. Fisher, Sc.D., F.R.S.

Arthur Balfour Professor of Genetics, University of Cambridge; Honorary Member, American Statistical Association and American Academy of Arts and Sciences; Foreign Member American Philosophical Society; Foreign Associate of the National Academy of Sciences of the United States of America; formerly Galton Professor, University of London; Foreign Member of the Royal Swedish Academy of Sciences and the Royal Danish Academy of Sciences and Letters

Oliver and Boyd
Edinburgh: Tweeddale Court
London: 98 Great Russell Street, W.C.

▲ 로널드 피셔의 『실험 계획법』[1]

전 과장은 모종 30개를 무작위로 선정하고 역시 무작위로 비료를 공급했다. 대상 선정이 어느 정도 잘 이루어졌다. 생산물을 수확해 보니 세 가지 비료에서 키운 방울토마토의 맛은 예상한 대로 달랐다. 그런데 여기서 두 번째 문제가 발생했다. 수확한 방울토마토의 맛은 오로지 비료 때문에 다르다고 확신할 수 없었다. 각기 심어진 토양이 다를 수 있고 일조량, 수분 공급량 등 많은 요소가 맛을 결정하는 데 작지만 영향을 준다. 물론 비료의 영향이 가장 크다고 가정하더라도 데이터 분석에서는 작은 요인까지 고려해야 한다. 따라서 실험(분석)은

1 www.maa.org/press/periodicals/convergence/mathematical-treasure-r-a-fisher-s-statistics-books>

반복적으로 수행해야 한다. 매번 같은 조건을 만들기는 어렵다. 이를 상쇄하려면 실험을 반복해 다양한 결과를 수집, 분석하고 반복 수행한 결과에서 나온 서로 다른 오차도 수치화해 분석에 반영해야 한다. 이것이 두 번째 핵심 원리인 반복이다.

하지만 전 과장은 실험을 반복적으로 수행하기 곤란했다. 그래서 현재까지 수확한 결과물을 대상으로 맛을 평가하기로 했다. 수확한 방울토마토의 맛은 전 과장과 아내, 딸 이렇게 세 명이 평가했다. 세 사람은 각기 다른 비료에서 재배된 방울토마토를 블라인드 테스트해 가장 맛있다고 판단한 방울토마토부터 차례로 배열했다. 그런데 여기에도 보이지 않는 오류가 있다. 과연 딸의 미각이 두 사람의 미각과 같다고 할 수 있을까? 그러고 보니 전 과장은 방금 전 양치질을 했다. 결과적으로 세 사람의 평가단은 같은 환경에서 방울토마토의 맛을 평가했다고 보기 어렵다. 이것이 바로 세 번째 통제의 원리다.

대상을 분석하고 나온 결과에 대한 평가는 같은 수준과 환경에서 진행해야 한다. 따라서 평가는 제한된 상황에서 이루어질 수밖에 없다. 이러한 통제의 원리는 앞선 무작위 원리와도 상통한다. 분석 대상의 조건 역시 완벽하게 통제할 수 없기에 무작위 원리가 적용되며, 무작위 선별이 불가능한 대상은 효과적인 통제가 필요하다.

이제 실험 계획법의 세 가지 핵심 원리(무작위, 반복, 통제-이하 제어 환경)의 필요성을 알게 됐다. 그런데 이것이 분산분석과 무슨 관계가 있을까? 사실 앞에서 제시한 제어 환경은 완벽하게 관리하기 어렵다. 앞서 살펴본 것처럼 제어 환경마다 다른 특성을 보이고 오차가 발생한다. 그래서 피셔는 세 가지 제어 환경에서 여러 속성이 각각 어떤 차이(오차)와 특성을 보이는지에 주목했다. 분석 대상의 선정에서 오는 차이와 특성, 실험 방법에 따른 결과의 차이와 특성, 같지 않은 환경에서 오는 평가의 차이와 특성 등이다.

분산분석은 이러한 제어 환경에서 발생한 특성값의 변화(변동)를 분산으로 나타내고, 이 분산을 실험에 반영한 여러 제어 환경의 요인별로 분해해, 제어 환경에서 발생한 오차 값보다 더 큰 영향을 주는 요인이 무엇인지를 찾아내는 것이다. 결국 분산분석은 특성값의 분산과 변동을 분석하고 어떤 특성이 여러 조건하에서 어떻게 차이가 나는지를 판단하는 기법이다.

내용이 다소 어려울 수 있으니 참고만 하고, 분산분석은 3개 이상의 대상을 기준으로 가설을 검증하는 기법이라는 점만 기억하자. 가설검정은 2개일 때 t-검정, 3개 이상일 때 분산분석을 쓴다.

독립변수와 종속변수 그리고 분산분석

분산분석은 변수의 개수에 따라 일원배치 분산분석one-way ANOVA과 이원배치 분산분석two-way ANOVA으로 나눈다. 일원배치 분산분석은 결과(종속변수)와 연결되는 하나의 독립변수에 영향을 받는 3개 이상의 조건을 분산으로 분석해 결과(종속변수)를 도출하는 방법을 말한다. 앞서 살펴본 전박봉 과장의 방울토마토 맛 평가 방식이 대표적인 일원배치 분산분석이다. 맛(종속변수)에 영향을 주는 변수를 비료(독립변수) 하나로 선정하고 각기 다른 세 가지 비료(조건)로 분리한 것이다.

이원배치 분산분석은 의미 그대로 두 개의 독립변수로 검정하는 것(결과인 종속변수를 도출하는 것)을 말한다. 독립변수 각각의 범주(조건 또

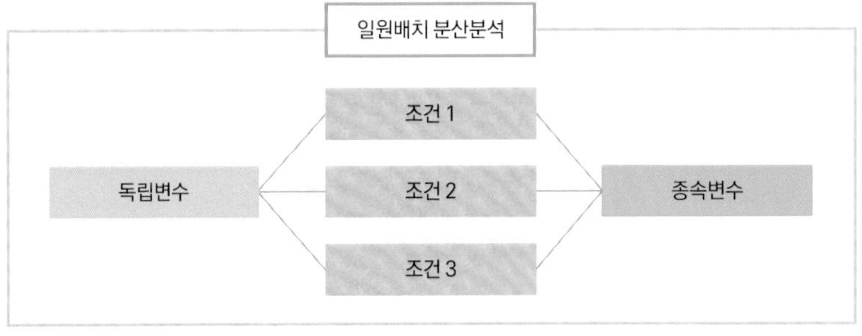

▲ 일원배치 분산분석

는 수준)에서 일어난 변화가 종속변수에 어떤 영향을 주는지를 파악하는 것이다. 일원배치 분산분석은 2개의 독립변수에 따라 각각 수행된다고 생각할 수 있다. 다만, 이원배치 분산분석은 각 독립변수의 영향력을 검정하는 것은 물론 두 독립변수의 결합으로 발생하는 영향력까지 고려해 검정한다. 이 부분이 일원배치 분산분석과 이원배치 분산분석의 가장 큰 차이점이다. 단순히 독립변수의 개수가 1개인지 2개인지만으로 구분한 것이 아니다. 따라서 일원배치 분산분석은 독립변수의 주된 영향력을 검정하는 것이고 이원배치 분산분석은 상호작용의 영향력까지 검정하는 것이다. 예를 들면, 한 독립변수의 변화가 종속변수에 미치는 영향이 또 다른 독립변수의 변화에 따라 달라질 수 있는가까지 보는 것이다.

전박봉 과장의 방울토마토 맛(종속변수) 평가를 예로 들면, 첫 번째 독립변수는 비료를, 두 번째 독립변수는 품종을 선정한다. 그리고 세 가지 비료와 3개의 방울토마토 품종(조건)을 대상으로 맛을 평가하고 비료를 3개의 품종에 골고루 투입해 나온 맛도 평가를 진행하는 것이다(반드시 독립변수마다 3개의 조건이 존재해야 하는 것은 아니다).

분산분석을 수행할 때는 다음 가정이 충족돼야 한다. 첫째, 독립변수의 조건이 서로 독립적이어야 한다(독립성). 똑같은 비료는 안 된다. 환경이 다르다고 같은 비료로 재배하면 안 된다. 영향을 주는 요인은 서로 독립적이어야 한다. 같은 비료로 다른 토양이 선택됐다면 여기서 독립변수는 토양이 된다.

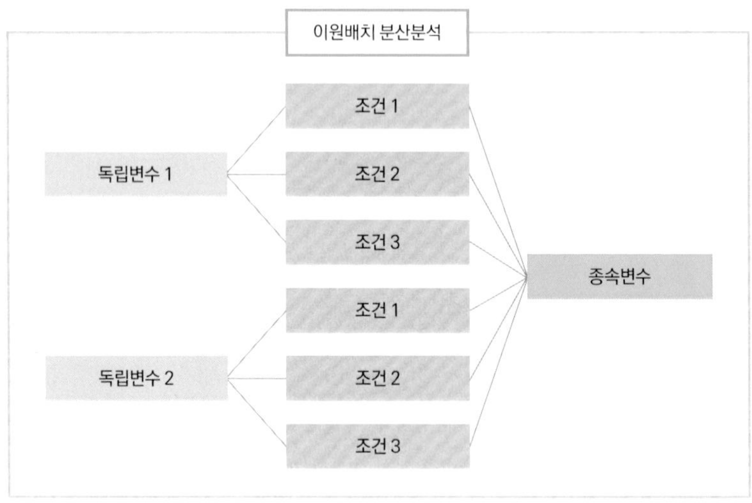

▲ 이원배치 분산분석

둘째, 독립변수에 영향을 받는 결괏값인 연속된 종속변수의 값들은 정규분포를 만족해야 한다(정규성). 작년에 평가한 방울토마토와 올해 새로 재배한 방울토마토의 맛은 서로 다른 평가 대상이다. 작년과 올해의 방울토마토는 전혀 관련이 없는 이산확률분포를 보인다.

마지막으로 독립변수의 각 조건에 따른 결과인 종속변수의 분산은 조건마다 같아야 한다(등분산성). 맛을 평가할 때는 3개면 3개, 5개면 5개처럼 같은 개수의 방울토마토를 기준으로 해야 한다. 맛을 잘 모르겠다고 첫 번째 비료에서 재배된 방울토마토만 10개 먹으면 안 된다.

Parameters	Influence (in %)
Leaking rate	0.04
Number of neurons in W_{res}	9.90
Spectral radius	68.13
Reservoir connectivity	0.14
Total	78.23
Residual	21.77

Table 4
ANOVA study results (Without interactions between parameters).

▲ 분산분석을 진행한 연구의 예[2]

이쯤에서 분산분석의 핵심인 독립변수와 종속변수에 대해 생각해 보자. 앞서 독립변수와 종속변수는 골턴의 회귀 모형을 이야기하며 잠깐 언급했다(분산분석과 회귀분석은 유사하다).

독립변수와 종속변수는 인과관계를 설명하는 변수로, 영향을 주는 변수(독립변수)와 영향을 받는 변수(종속변수)로 쉽게 설명할 수 있다. 독립변수에서 독립independent은 '다른 무언가에 의존하거나 속하지 않는 상태'로 정의된다. 이와는 반대로 종속변수에서 종속dependent은 '주가 되는 무언가에 의존적인 상태'란 의미다. 따라서 독립변수의 변화에 따라 종속변수는 의존적으로 영향을 받는다. 그렇다면 독립변수는 '자주성'이 확보된 변수고 종속변수는 '자주성'이 확보되지 않은 변수를 의미할까? 일반적으로는 그렇다.

근로자의 연봉 수준과 삶의 만족도를 분석한다고 가정해 보자. 이때 귀무가설은 '연봉이 높으면 삶의 만족도가 높다'라고 설정한다. 여

2 「ANOVA method applied to proton exchange membrane fuel cell ageing forecasting using an echo state network」 Morando, S. 외 3인 (2017년), Mathematics and Computers in Simulation, 283-294

기서 독립변수는 연봉 수준, 종속변수는 삶의 만족도임을 쉽게 알 수 있다. 이유는 연봉수준에 따라 삶의 만족도가 다를 것이라고 가설을 설정했기 때문이다. 독립변수인 연봉 수준은 종속변수인 삶의 만족도에 영향을 주는 요인이다.

조사 대상이 1,000명이라고 가정하면 1,000명의 연봉은 대부분 다를 것이다. 따라서 독립변수는 자주성이 확보된다고 말할 수 있다. 영향을 받는 종속변수인 삶의 만족도가 어떤 결론으로 도출되든 독립변수를 변하게 할 수는 없다. 또 한 가지는 유추된 결론으로부터 실험을 진행한 사람은 독립변수의 값을 임의로 조정할 수 있다. 연봉을 10%나 20%를 올리는 경우다. 하지만 종속변수는 값을 임의로 변경할 수 없다. 그래서 종속변수의 변화를 보는 것이 분석의 최종 목표가 되기도 한다.

6장

그 밖의 이야기

세상은 언제나 예외가 존재한다
- 비모수 검정기법

그 밖의 이야기

모수와 비모수

지금까지 이 책을 꾸준히 읽은 독자에게 누군가 "통계가 무엇입니까?"라는 질문을 던진다면 이제는 이렇게 대답할 수 있을 것이다. "통계는 확률입니다." 확률을 표현한, 대표적인 연속확률분포이며, 세상의 모든 현상을 설명하는 정규분포를 대표하는 값은 평균과 분산이다. 이 평균과 분산을 통계에서는 모수parameter라 부른다.

만약 관찰 결과가 정규분포를 따르지 않는다면 수집된 데이터가 부족하기 때문이다. 추가로 수집된 데이터의 환경이 서로 다를 수 있다. 이를 바탕으로 모수가 되기 위한 충분 조건은 다음과 같이 설명할 수 있다. 첫째, 데이터가 정규분포를 따른다. 둘째, 데이터가 정규분포로 표현될 만큼 표본 수가 많다. 셋째, 데이터가 같은 환경에 있다.

하지만 세상의 모든 현상이 음과 양의 조화를 이루듯이 모수란 개념의 반대 개념 역시 존재한다. 이를 비모수non-parameter라고 한다. 비모수는 데이터가 정규분포가 아니며 데이터의 표본 수가 적거나 부족하고 데이터가 서로 독립적인 경우다(쉽게 모수는 연속된 값, 비모수는 연속되지 않은 값이라고 이해해도 된다). 그러면 비모수 데이터에는 어떤 것이 있을까? 비모수 데이터의 유형을 다음 예로 살펴보자.

불철주야 업무와 씨름 중인 전박봉 과장은 출근과 함께 부장님으로부터 다음과 같은 업무 지시를 받았다.

"전 과장, 상반기 매출액 분석 결과에서 단순히 매출액을 기준으로 순위 비교를 했나?"

"네, 거래처별 매출액이 높은 순으로 순위를 부여하고 영업성과 평가를 진행했습니다."

"아, 그럼 말이야. 이번 하반기에는 매출액과 영업이익을 기준으로 비교해서 어떤 관계가 있는지 파악해봐. 매출액이 높으면 영업이익도 높은지 말이야."

"네, 지시대로 하겠습니다."

전 과장은 바로 분석에 착수했다. 먼저 거래처별로 매출액과 영업이익을 정리하고 매출액 대비 순위와 영업이익 대비 순위를 작성했다. 200여 개의 거래처별로 매출과 영업이익을 뽑고 순위를 부여하는 작업은 어렵지 않았다. 문제는 두 순위 간에 어떤 상관관계가 있는지 검정하는 부분이었다. 단순하게 금액으로 비교하면 두 개의 그룹이 각각 정규분포를 따르므로 문제가 없다. 그러나 순위를 뽑고 비교한다면 두 그룹 간 순위가 반드시 정규분포를 따른다고 볼 수 없다. 실제로 1~30위까지의 표준편차에 따른 분포 그래프는 다음과 같았다.

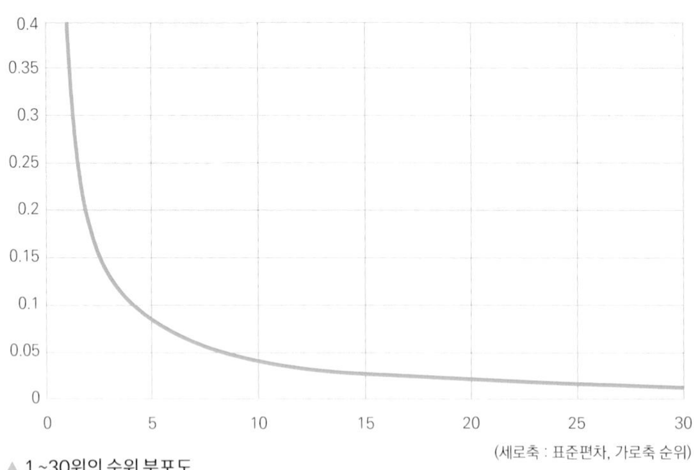

▲ 1~30위의 순위 분포도

매출액과 영업이익이 왜 정규분포를 따르는지를 매출액을 기준으로 설명해 보겠다. 정규분포는 연속확률분포다. 연속확률분포는 몸무게같이 값이 연속되는 분포를 의미한다. 매출 역시 100과 200이라고 가정한다면 100에서 200이라는 매출 사이에는 수없이 많은 매출액이 있다. 영업이익도 마찬가지다. 그런데 매출액을 기준으로 매긴 순위는 연속적인 값이 될 수 없다. 가정한 매출액 100과 200이 각각 2와 1의 순위라면 순위 2위와 1위 사이에 다른 순위가 존재할 수 없다.

따라서 단순 금액 비교일 때는 피어슨 상관분석을 수행하면 되지만, 정규분포를 따르지 않는 비모수일 때는 피어슨 상관분석을 수행하기 곤란하다. 이 경우 비모수적 검정 기법인 스피어만 상관분석으로 매출액에 따른 순위와 영업이익에 따른 순위를 비교해야 한다.

지금까지 모수적 검정 기법과 비모수적 검정 기법이 모집단과 표본에 대한 정규분포의 가정에 따라 구별된다는 점을 확인했다. 단순히 이것뿐일까? 사실 두 검정 기법은 분석 방법에도 차이가 있다. 좀 더 정확히 말하면 기준 관점에서 명확한 차이를 보인다.

모수적 검정 기법은 모집단으로부터 추출한 표본 간 평균 차이를 중심으로 분석한다.(단순한 평균 비교부터 분산을 통한 분석까지 다양하다). 하지만 비모수적 검정 기법은 평균이 아닌 서열(순위, rank) 또는 특정 기준 값(평균 또는 중앙값, 대체로 중앙값을 사용한다)을 중심으로 한 부호sign에 무게를 두고 분석한다. 따라서 비모수적 검정 기법에서는 데이터의 값이 극단적이더라도 영향을 덜 받는다. 수집된 데이터 값 중 특정 데이터의 값이 아무리 커도 순위에 차이가 있을 뿐 평균의 차이와는 관련이 없기 때문이다.

사원	매출	순위
A 사원	100	4
B 사원	170	3
C 사원	50	5
D 사원	210	2
E 사원	220	1

▲ 사원별 영업성과표

예를 들어보자. 앞서 영업성과 비교에서 사원별 거래처 매출액을 나열해 보니 A 사원 100, B 사원 170, C 사원 50, D 사원 210, E 사원 220이고, 평균은 150이다. 그리고 순위를 거래처 매출액에 따라 정리하면 A 사원 4위, B 사원 3위, C 사원 5위, D 사원 2위, E 사원 1위다. 그래서 매출액 평균 150을 평가 기준으로 잡고 기준 미만은 미달성, 기준 이상은 달성으로 처리한다. 미달성한 사원은 A와 C다. 그런데 다시 확인해 보니 D 사원의 매출액이 210이 아닌 400이었다. 그러면 평균이 188이 돼 B 사원 역시 미달성이 된다. 평균이 이동해 기준이 달라진 것인데, 순위는 D 사원과 E 사원만 바뀔 뿐이다. 이것은 순위에 변동이 생겼지만 그 결과는 평균과 무관하다는 의미다. 다시 말해 매출액과 같은 연속확률분포는 평균 차이가 매우 중요하지만, 이산확률분포에서는 평균 차이와 관계없이 순위 차이를 기준으로 분석한다는 얘기다. 그래서 극단적인 값이 존재해도 순위 차이만 있을 뿐 영향을 덜 받는다.

모수적 검정 기법과 비모수적 검정 기법의 선택은 어느 쪽이 우월하고 어느 쪽이 정확도가 높은지가 아니라 상황에 적절한 검정 기법이 무엇인가의 문제다. 그러면 어떤 경우에 비모수적 검정 기법을 사용하면 좋을까? 정규분포를 매번 가정하거나 데이터가 충분히 적을 때일까? 데이터 분석을 하는 사람이 모두 다 그렇지는 않지만 필자의 경우를 비추어 보면 다음과 같은 상황에서 비모수적 검정 기법을 주로 사용한다. 일단 데이터가 적은 상황은 배제한다. 데이터 홍수의 시대에 데이터가 적은 상황은 그리 흔치 않기 때문이다. 그래서 모든 분석에 앞서 데이터가 충분히 확보된다고 가정하고 모수적 검정을 수행한다. 그렇게 해서 나온 분석 결과를 2차 데이터로 재활용해 분석하는 경우에는 이 데이터가 반드시 정규분포를 따른다고 가정할 수 없으므로 비모수적 분석을 수행한다. 그러나 1차 분석에서 관측이나 실험의 결과가 서로 다른 환경에서의 독립된 표본이라면 당연히 비모수적 검정을 수행해야 한다.

서열과 부호를 기준으로 한 비모수적 검정은 수학 지식의 깊이나 특별한 통계 지식을 요구하는 경우가 적다. 또한 순위가 명확하므로 잘못된 분석 결과를 도출할 가능성이 적다. 하지만 비모수적 검정은 정규분포를 가정해 나타내지 않기 때문에 표본이 모집단을 대변한다 하기에는 부족하다. 또한, 분석 대상이 정규분포를 따르지 않으면 심각한 오류를 범하게 된다고 오랫동안 믿어 왔기 때문에 비모수적 검정은 모수적 검정보다 개발된 방법론이 극히 적다.

지금까지 설명한 모든 통계 검정은 모수적 검정이었다. 이 장의 뒷부분에서는 비모수적 검정을 소개하며 마치겠다.

스피어만 상관계수

스피어만 상관계수Spearman's rank correlation coefficient 또는 Spearman's rho는 영국의 심리학자인 찰스 스피어만(Charles Edward Spearman, 1863~1945)이 고안한 비모수적 상관분석 기법이다. 스피어만은 독일의 라이프치히 대학교Leipzig University에서 철학을 공부해 박사 학위를 받았다(당시에는 심리학이 별도의 학문으로 자리 잡기보다 철학의 한 분야로 인식됐다). 그 후 영국으로 돌아와 은퇴할 때까지 유니버시티 칼리지 런던University College London에서 심리학을 연구했다.

스피어만은 심리학자이기 전에 군 장교였다. 심리학자이면서 심리통계학에도 뚜렷한 업적을 남겼다. 앞서 소개한 인물들이 수학으로 방법론을 개발하고 전개해 근대 수리통계학에 업적을 남긴 사실과 비교해 보면 매우 독특한 분야를 연구했다고 할 수 있다.

스피어만 상관분석은 두 변인(변수) 간의 순위를 부여하고 연관성을 검정하는 기법으로, 피어슨 상관분석과 같이 -1에서 1 사이의 값(계수)을 갖는다. 보통 피어슨 상관분석을 곱적률 상관분석이라고 하며

▲ 찰스 스피어만[3]

스피어만 상관분석을 순위 상관분석이라고 한다. 간단히 표현하면 전자는 두 변인 간의 선형관계를 계수로 표현한 것이고, 후자는 변인 간의 순위를 부여한 값을 기반으로 분석을 한다.

두 분석 모두 두 변인 간의 연관성 정도를 -1에서 1까지의 값으로 표현한다는 점은 비슷하지만, 들여다 보면 약간의 차이가 있다. 단순히 모수와 비모수를 다루는 기법과 선형과 순위를 기반으로 한다는 점뿐 아니라 결괏값, 즉 상관계수에서도 그 차이를 찾을 수 있다 (다음 그래프에 표시된 값을 너무 깊이 생각하지 말자. 이해를 돕고자 비교했을 뿐 큰 의미는 없다).

다음 그래프를 보면 한 쪽 변인이 증감함에 따라 다른 변인 역시 일정한 크기로 증가하는 양의 상관관계를 보이며 완벽한 선형관계를 이룬다. 이때 피어슨 상관계수는 1이고, 스피어만 상관계수 역시 1이다.

두 번째 그림 역시 두 변인 간에 양의 상관관계가 있다. 하지만 그 비율이 일정하지 않다. 따라서 비례적 연관성을 검증하는 피어슨 상관계수는 대략 0.8 정도지만, 순위 비교를 통한 스피어만 상관계수는 여전히 1이다.

---

3 위키피디아 commons.wikimedia.org/wiki/File:Exposition_universelle_de_1900_-_portraits_des_commissaires_g%C3%A9n%C3%A9raux-Charles_Spearman.jpg

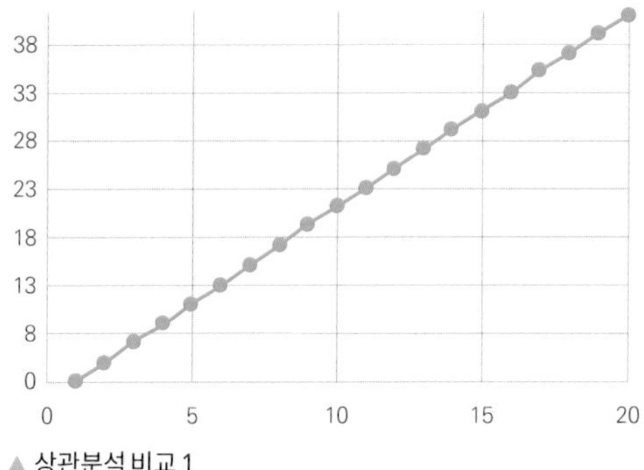

▲ 상관분석 비교 1

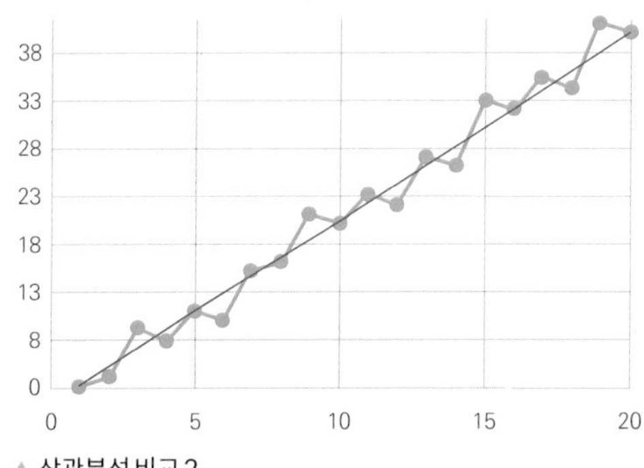

▲ 상관분석 비교 2

이는 선형관계를 파악하는 피어슨 상관분석과 단순 순위 비교를 진행하는 스피어만 상관분석의 차이를 명확하게 보여준다. 이 차이는 앞의 예시처럼 양의 상관관계는 물론 음의 상관관계에서도 같게 나타난다. 다만 다음 그림처럼 두 변인 간의 연관성이 존재하지 않을 때는 두 분석 모두 1과 -1이 아닌 0에 가까운 값(-0.089)으로 나타난다.

근대 수리통계학의 아버지 칼 피어슨 입장에서 보면 스피어만이 그리 달갑지 않았을 것이다. 상관분석은 피어슨 상관분석만으로 설명돼야 하는데, 통계학자도 수학자도 아닌 심리학자가 또 다른 상관분석 기법을 고안했으니 얼마나 얄미웠을지 상상이 간다. 실제로 같은 시

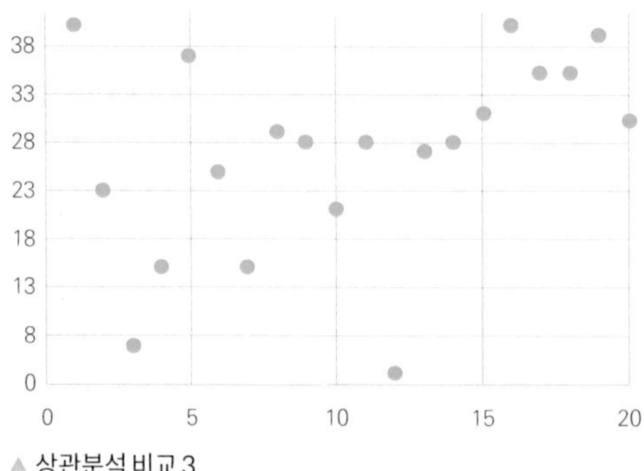

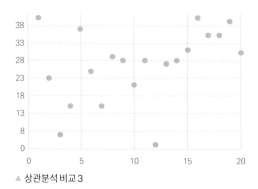

▲ 상관분석 비교 3

대를 살았던 둘의 관계는 그리 좋지 않았다고 한다. 일부 문헌에서도 피어슨이 스피어만의 성과를 인정하지 않았다는 기록도 있다. 둘의 관계야 어찌 되었든 스피어만은 비모수적 검정 기법인 스피어만 상관분석을 정립했고 지금도 여러 분야에서 활용되고 있다.

그런데 스피어만은 비모수적 상관분석을 어떻게 발견한 것일까? 스피어만은 그가 근무하던 학교의 학생들을 상대로 인간의 능력을 몇 개의 범주로 나누고 이를 측정하고 검사했다. 그 범주는 언어 능력, 수리 능력, 공간지각 능력, 시간인지 능력 등이었다. 그의 검사는 매우 세밀하고 깊이가 있었다. 각각의 범주를 세분화해 능력치를 측정하고 등급을 부여하는 작업을 꽤 많은 집단을 대상으로 수행했다.

적지 않은 집단을 조사하며 결과가 충분히 누적되자 범주별 인간의 능력을 비교하기 시작했다. 비교를 거듭하던 스피어만은 그다지 새롭지 않지만 명백하게 설명할 만한 연관성을 발견했다. 특정 범주에 속한 인간의 세부 능력 간에는 연관성이 매우 높다는 사실이었다.[4] 쉬운

4 사실 이 부분은 프랜시스 골턴으로부터 발전해온 우생학의 연장선에서 좀 더 세분화된 결과를 도출했다 볼 수 있다. 실제로 스피어만은 골턴의 이론에 많은 영향을 받았고 관련한 많은 연구도 진행했다.

Table 4. Spearman correlation coefficients among three stages

	Stage 1 (EFFICIENCY)	Stage 2 (EFFECTIVENESS)	Stage 3 (PRODUCTIVITY)
Stage 1 (EFFICIENCY)	-	-0.312*	-0.085
Stage 2 (EFFECTIVENESS)		-	0.808*
Stage 3 (PRODUCTIVITY)			-

*p ≤ 0.01.

▲ 스피어만 상관분석을 진행한 연구의 예[5]

예로, 언어 능력이 뛰어난 사람의 세부 능력을 보면 어휘 능력치가 높은 사람은 같은 범주 내에 있는 작문 능력도 독해 능력도 뛰어났다.

여기까지는 쉽게 이해되는 부분이지만 다른 범주와의 비교에서 특이점이 발견됐다. 언어 능력치가 높은 사람들은 수리 능력이나 그 외의 범주에 속하는 능력치가 높지 않은 점이었다. 그런데 잘 생각해 보면 한 가지 의구심이 든다. 같은 범주 내에서의 비교는 같은 환경이라 할 수 있지만, 다른 범주 간의 비교를 같은 환경이라 가정할 수 있을까? 즉, 언어 능력과 수리 능력의 상관관계가 같은 환경이라 할 수 있느냐 하는 문제다. 그래서 스피어만은 언어 능력의 순위를 정하고 다시 수리 능력의 순위를 정해 서로를 비교함으로써 상관관계가 존재하는지를 파악했다. 이것이 바로 G 요인general factor(인간이 어떠한 문제를 해결할 때 공통으로 작용하는 능력)을 발견하는 과정에서 비모수적 상관관계를 검정하는 스피어만 상관분석의 시작이었다.

스피어만이 상관분석 기법을 정립하는 과정은 어쩌면 당연한 결과로 볼 수 있다. 회귀의 개념을 처음으로 접근한 프랜시스 골턴은 회귀의 개념을 정립하기 위해 상관관계의 개념과 의미에 많은 관심과 연구

5 「연구개발 사업화 성과 평가 : DEA 기반 3단계 R&BD 성과 모형」 전익진, 이학연(2015년), 대한산업공학회지, 425-438

를 집중했다. 앞서 언급한 대로 스피어만은 이런 골턴의 연구에 많은 영향을 받았다. 또한 그는 심리학을 연구하며 다양한 실험을 통해 많은 연구 결과를 남기고 후대에 지대한 영향을 주었다. 인간의 지능과 심리를 연구할 때 결과 비교를 통해 상관관계는 물론 G 요인과 요인 분석factor analysis 등의 분석 방법을 고안해 냈다. 특히 요인 분석은 확증적 요인 분석으로 확장돼 구조 방정식 모델을 통해 다양한 분야에 활용되는 매우 중요한 데이터 분석 기법의 하나로 발전했다.

"GENERAL INTELLIGENCE," OBJECTIVELY DETERMINED AND MEASURED.

By C. SPEARMAN.

TABLE OF CONTENTS.

		PAGE
Chap. I.	Introductory.	
	1. Signs of Weakness in Experimental Psychology	202
	2. The Cause of this Weakness	203
	3. The Identities of Science	204
	4. Scope of the Present Experiments	205
Chap. II.	Historical and Critical	
	1. History of Previous Researches	206
	2. Conclusions to be drawn from these Previous Researches	219
	3. Criticism of Prevalent Working Methods	222
Chap. III.	Preliminary Investigation	
	1. Obviation of the Four Faults Quoted	225
	2. Definition of the Correspondence Sought	226
	3. Irrelevancies from Practice	227
	(a) Pitch	228
	(b) Sight	232
	(c) Weight	233
	(d) Intelligence	233
	4. Irrelevancies from Age	233
	5. Irrelevancies from Sex	235
	6. The Elimination of these Irrelevancies	236
	7. Alternations and Equivocalities	238
Chap. IV.	Description of the Present Experiments	
	1. Choice of Laboratory Psychics	241
	2. Instruments	242
	(a) Sound	243
	(b) Light	244
	(c) Weight	245
	3. Modes of Procedure	246
	(a) Experimental Series I	246
	(b) " " II	247
	(c) " " III	248
	(d) " " IV	249
	(e) " " V	249
	4. The Estimation of Intelligence	249
	5. Procedure in Deducing Results	252
	(a) Method of Correlation	252
	(b) Elimination of Observational Errors	253
	(c) Elimination of Irrelevant Factors	255
Chap. V.	The Present Results	
	1. Method and Meaning of Demonstration	256
	2. Correspondence between the Discrimination and the Intelligence	259

▲ 스피어만이 1904년 미국의 심리학 저널에 발표한 「두 가지 관계의 증명과 측정(General Intelligence, Objectively Determined and Measured)」 논문[6]

6 The American Journal of Psychology

줄을 서시오

근대 수리통계의 근간은 일반적으로 유럽, 특히 영국과 독일에서 정립됐다고 해도 과언이 아니다. 앞서 살펴본 통계 관련 인물 모두 유럽인인데, 특히 영국 사람이 많았다. 이번에는 유럽을 벗어나 북아메리카 대륙으로 떠나보자.

미국의 화학자이자 통계학자 프랭크 윌콕슨(Frank Wilcoxon, 1892 ~ 1965)이 첫 주인공이다. 윌콕슨은 아일랜드계 미국인으로 매우 부유한 환경에서 자랐다. 그는 미국 코넬 대학교Cornell University에서 물리 화학 박사 학위를 받았다. 윌콕슨은 화학을 전공했지만 통계학자로도 명성이 매우 높았는데, 비모수적 검정 기법인 윌콕슨 순위합 검정wilcoxon rank sum test과 윌콕슨 부호 순위 검정wilcoxon signed rank test을 정립했다. 두 기법은 엄연히 다르나 이후 설명에 공통으로 적용되므로 이해를 돕기 위해 순위합 검정이라 통칭하고 그 방법을 간략히 살펴본다.

▲ 프랭크 윌콕슨[7]

앞서 모수적 양측 검정 기법인 t-검정에 대응하는 비모수적 양측 검정의 하나가 윌콕슨이 정립한 순위합 검정이다.

7 위키피디아 en.wikipedia.org/wiki/File:FrankWilcoxon.png

데이터 분석에는 분석할 데이터가 필요하다. 데이터 수집은 수집자가 연구하거나 담당하는 분야에서 확보하는 것이 유리하고 손쉽다. 유전학자는 유전학 관련 데이터를, 심리학자는 심리학 관련 데이터를, 화학자는 화학 관련 데이터를 수집하는 것이다. 그래야 자신의 전공 분야도 인정받을 수 있다. 윌콕슨은 화학자라서 윌콕슨이 정립한 순위합 검정은 화학 실험을 기반으로 진행됐다. 그가 선택한 실험 대상은 스프레이 파리약으로 파리가 죽을 확률이었다. 윌콕슨은 각각의 독립된 실험 결과를 비교하고 결과의 차이를 확인했다. 윌콕슨의 실험과 분석 과정을 살짝 엿봄으로써 순위합 검정 기법이 어떤 과정으로 진행되는지 간단히 살펴보자.

윌콕슨은 서로 다른 환경에서의 실험 결과를 다음과 같이 정리했다.

구분	스프레이 파리약으로 파리가 죽을 확률(%)							
실험 A	67	73	67	69	58	66	71	63
실험 B	59	57	66	55	60	62	61	66

▲ 스프레이 파리약 실험 결과

두 실험 결과에 차이가 있다는 가정을 증명하려 했기 때문에 양측 검정을 시행했다. 그러나 두 실험은 서로 독립된 환경이라서 정규분포를 가정할 수 없었다. 고민 끝에 윌콕슨은 두 실험 결과를 하나로 합쳐 확률이 낮은 결과부터 높은 결과를 오름차순으로 정렬하고 순위를 부여했다.

다음 표에서 음영 처리된 항목은 실험 B의 결과다. 순위 부여 시 결과가 같으면 해당 순위의 평균값을 취한다. 앞의 표에서 66%가 세 번이었고 해당하는 순위가 9, 10, 11이므로 순위의 평균인 10을 부여했

구분	두 실험 결과와의 순위															
실험AB	55	57	58	59	60	61	62	63	66	66	66	67	67	69	71	73
순위	1	2	3	4	5	6	7	8	10	10	10	12.5	12.5	14	15	16

▲ 스프레이 파리약 실험 결과 순위

다. 이후 실험 A와 B의 순위를 각각 모두 더한다.

- 실험 A의 순위합: 3 + 8 + 10 + 12.5 + 12.5 + 14 + 15 + 16 = 91
- 실험 B의 순위합: 1 + 2 + 4 + 5 + 6 + 7 + 10 + 10 = 45

이렇게 도출된 각 실험의 순위합을 비교한다. 두 실험의 결과가 비슷하면 순위합도 비슷하겠지만 결과가 서로 다르면 실험 결과가 한쪽으로 치우쳐 앞의 예시처럼 두 순위합이 차이가 난다고 할 수 있다. 이것이 바로 윌콕슨 순위합 검정의 기본적인 배경이다. 물론 논리적인 전개는 단순 순위합을 비교하는 것으로 끝나지 않는다. 다만 이러한 발상으로 양측 검정이 충분히 가능함을 정립한 것은 실로 대단하다. 때로는 단순함이 복잡함을 설명한다.

윌콕슨의 순위합 검정은 독립된 집단의 결과를 통합해 정리하고 순위를 부여한 뒤 각각의 집단에 대한 순위합을 구해 비교하는 방식이다.

이러한 순위합 검정은 아니지만 유사한 통계량을 사용하는 비모수 양측 검정 기법이 있다. 바로 만-위트니 U 검정Mann-Whitney U-test, 이하 만-위트니 검정이다. 만-위트니 검정은 미국의 수학자인 헨리 만(Henry Berthold Mann, 1905~2000)과 그의 제자이자 동료인 도널드 랜섬 위트니(Donald Ransom Whitney, 1915 ~ 2007)가 고안한 비모수적 양측 검정 기법이다.

헨리 만은 오스트리아의 비엔나 대학교Vienna University에서 수학 박사 학위를 받고 1930년 후반 미국으로 이민을 가 여러 대학과 기관에서 교육자의 삶을 살았다. 그의 이력 대부분은 1946년에 들어간 오하이오 주립대학교Ohio State University에서 쌓았다. 만-위트니 검정 역시 이곳에서 1947년 논문으로 발표되며 세상에 모습을 드러냈다.

INDIVIDUAL COMPARISONS BY RANKING METHODS

FRANK WILCOXON
American Cyanamid Co.

The comparison of two treatments generally falls into one of the following two categories: (a) we may have a number of replications for each of the two treatments, which are unpaired, or (b) we may have a number of paired comparisons leading to a series of differences, some of which may be positive and some negative. The appropriate methods for testing the significance of the differences of the means in these two cases are described in most of the textbooks on statistical methods.

The object of the present paper is to indicate the possibility of using ranking methods, that is, methods in which scores 1, 2, 3, . . . n are substituted for the actual numerical data, in order to obtain a rapid approximate idea of the significance of the differences in experiments of this kind.

Unpaired Experiments. The following table gives the results of fly spray tests on two preparations in terms of percentage mortality. Eight replications were run on each preparation.

Sample A		Sample B	
Percent kill	Rank	Percent kill	Rank
68	12.5	60	4
68	12.5	67	10
59	3	61	5
72	15	62	6
64	8	67	10
67	10	63	7
70	14	56	1
74	16	58	2
Total 542	91	494	45

Rank numbers have been assigned to the results in order of magnitude. Where the mortality is the same in two or more tests, those tests are assigned the mean rank value. The sum of the ranks for B is 45 while for A the sum is 91. Reference to Table I shows that the probability of a total as low as 45 or lower, lies between 0.0104 and 0.021. The analysis of variance applied to these results gives an F value of 7.72, while 4.60 and 8.86 correspond to probabilities of 0.05 and 0.01 respectively.

Paired Comparisons. An example of this type of experiment is given by Fisher (2, section 17). The experimental figures were the differences in height between cross- and self-fertilized corn plants of the same pair. There were 15 such differences as follows: 6, 8, 14, 16, 23, 24, 28, 29, 41, −48, 49, 56, 60, −67, 75. If we substitute rank numbers for these differences, we arrive at the series 1, 2, 3, 4, 5, 6, 7, 8, 9, −10, 11, 12, 13, −14, 15. The sum of the negative rank numbers is −24. Table II shows that the probability of a sum of 24 or less is between 0.019 and 0.054 for 15 pairs. Fisher gives 0.0497 for the probability in this experiment by the t test.

The following data were obtained in a seed treatment experiment on wheat. The data are taken from a randomized block experiment with eight replications of treatments A and B. The figures in columns two and three represent the stand of wheat.

Block	*A*	*B*	*A-B*	*Rank*
1	209	151	58	8
2	200	168	32	7
3	177	147	30	6
4	169	164	5	1
5	159	166	−7	−3
6	169	163	6	2
7	187	176	11	5
8	198	188	10	4

The fourth column gives the differences and the fifth column the corresponding rank numbers. The sum of the negative rank numbers is −3. Table II shows that the total 3 indicates a probability between 0.024 and 0.055 that these treatments do not differ. Analysis of variance leads to a least significant difference of 14.2 between the means of two treatments for 19:1 odds, while the difference between the means of A and B was 17.9. Thus it appears that with only 8 pairs this method is capable of giving quite accurate information about the significance of differences of the means.

Discussion. The limitations and advantages of ranking methods have been discussed by Fried-

▲ 윌콕슨이 Biometrics Bulletin 저널에 발표한 「순위를 활용한 개별 비교(individual comparisons by ranking methods)」 논문[8]

자료	구 분		N	평균순위	순위합
DEA-C-DEA-F (**p = 0.08)	음의순위	DEA-C > DEA-F	25	33	841
	양의순위	DEA-C < DEA-F	47	38	1787
	동률	DEA-C = DEA-F	4		
DEA-C-DEA-P (*p = 0.02)	음의순위	DEA-C > DEA-P	22	36	796
	양의순위	DEA-C < DEA-P	51	37	1905
	동률	DEA-C = DEA-P	3		
DEA-F-DEA-P (p = 0.195)	음의순위	DEA-F > DEA-P	44	33	1464
	양의순위	DEA-F < DEA-P	26	39	1021
	동률	DEA-F = DEA-P	6		

*p ≤ 0.05, **p ≤ 0.1.

▲ 윌콕슨 순위합 검정을 진행한 연구의 예[9]

8 International Biometric Society www.biometricsociety.org/

9 「BSC/DEA를 활용한 기업 연구개발 프로젝트 성과평가」 전익진, 이학연(2017년), 경영과학회지, 67-83쪽

위트니는 헨리 만이 오하이오 주립대에서 배출한 첫 번째 박사 학위 제자로, 같은 대학에서 수학 박사 학위도 받았다. 만-위트니 검정이 1947년 논문으로 발표되었으니 아마도 학위에 영향을 주지 않았을까?(이건 전적으로 필자의 추측이다) 수학자가 모두 통계와 관련 있지는 않지만, 수학이 통계의 기초가 되는 학문이라는 점은 의심의 여지가 없다. 헨리 만과 위트니 역시 수학자로서 통계와 밀접한 관련이 있었다. 그들은 오랜 시간 수학, 그중에서도 확률과 분포를 꾸준히 연구했다. 실제로 만이 저술한 80여 편의 논문 중 많은 수의 논문이 확률과 관련이 있다. 만-위트니 검정이 소개된 논문도 확률에 관한 논문이다.

▲ 헨리 만[10]

그러면 만-위트니 검정의 원리를 전박봉 과장 이야기로 알아보자.

전박봉 과장은 며칠 전 부장으로부터 매출액과 영업이익에 따른 영업사원별 비교 검정을 하라는 지시를 받았다. 깊이 있는 분석을 위해 전 과장은 매출액과 영업이익의 목표 대비 달성률을 다음 표와 같이 정리했다.

표로 정리한 달성률은 서로 다른 환경에서 계산된 2차 결괏값이다. 따라서 전 과장은 비모수적 양측 검정 기법인 만-위트니 검정을 수행하기로 한다. 윌콕슨 순위합 검정은 전체 순위를 정하고 집단별로 순

10 오하이오 주립대 수학과

ON A TEST OF WHETHER ONE OF TWO RANDOM VARIABLES IS STOCHASTICALLY LARGER THAN THE OTHER

By H. B. Mann and D. R. Whitney

Ohio State University

1. Summary. Let x and y be two random variables with continuous cumulative distribution functions f and g. A statistic U depending on the relative ranks of the x's and y's is proposed for testing the hypothesis $f = g$. Wilcoxon proposed an equivalent test in the *Biometrics Bulletin*, December, 1945, but gave only a few points of the distribution of his statistic.

Under the hypothesis $f = g$ the probability of obtaining a given U in a sample of n x's and m y's is the solution of a certain recurrence relation involving n and m. Using this recurrence relation tables have been computed giving the probability of U for samples up to $n = m = 8$. At this point the distribution is almost normal.

From the recurrence relation explicit expressions for the mean, variance, and fourth moment are obtained. The 2rth moment is shown to have a certain form which enabled us to prove that the limit distribution is normal if m, n go to infinity in any arbitrary manner.

The test is shown to be consistent with respect to the class of alternatives $f(x) > g(x)$ for every x.

2. Introduction. Let x and y be two random variables having continuous cumulative distribution functions f and g respectively. The variable x will be called stochastically smaller than y if $f(a) > g(a)$ for every a. We wish to test the hypothesis $f = g$ against the alternative that x is stochastically smaller than y. Such alternatives are of great importance in testing, for instance, the effect of treatments on some measurement. One may think of x as the values of certain measurements in the control group and of y as the values of the same measurement in a group which received treatment. In a particular instance the protective effect against infection by certain bacteria was investigated. Two groups of rats were used in the experiment. The first group receiving no treatment, the second group receiving the drug. Both groups were then infected with supposedly equally diluted cultures of the bacteria under investigation. Most of the rats in both groups died, but the time of survival was measured and it was desired to test whether the drug had the effect of prolonging the life of the rats. It was desired to make inferences from the effect on rats to the effect the drug would have on humans. Thus, the only relevant alternative to the hypothesis that survival times are not influenced by the drug is that the survival time of those rats which received treatment is stochastically larger than that of the control group.

▲ 헨리 만과 로널드 위트니가 1947년 The jannals of mathematical statistics에 발표한 「두 임의 변수 중 하나가 다른 변수보다 확연히 큰지를 검정하는 기법On a Test of Whether one of Two Random Variables is Stochastically Larger than the Other」 논문[11]

위의 합을 비교하지만, 만-위트니 검정은 두 집단의 관측값을 모두 일대일로 상대 비교한다. 매출액과 영업이익 달성률을 일대일로 상대 비교한 결과는 다음 표와 같다. 표에 표시된 숫자는 다른 집단의 관측값과 모두 비교해 그 값이 큰 경우 그 개수를 더한 값이다. 예를 들어, A 사원의 매출액 달성률 59%는 다른 사원의 영업이익 달성률과 비교해 큰 경우는 단 한 번도 없으므로 0이다. 반대로 영업이익 달성률 60%는 다른 사원의 매출액 달성률과 비교해 1명의 사원(E 사원)보다 높으므로 1로 표기한다. 다음으로는 매출액과 영업이익을 상대 비교한 결괏값의 총합을 구한다.

구분	A 사원	B 사원	C 사원	D 사원	E 사원	F 사원	G 사원	H 사원
매출액(X)	59	61	92	78	52	88	64	70
영업이익(Y)	60	64	83	71	66	69	66	75

단위: %

▲ 영업사원별 목표대비 달성률

11 mathematical statistics stat.ethz.ch/~geer/mathstat.pdf

구분	A 사원	B 사원	C 사원	D 사원	E 사원	F 사원	G 사원	H 사원
X〉Y	0	1	8	6	0	8	1	5
X〈Y	1	2	6	5	3	4	3	4

▲ 매출액과 영업이익 달성률의 일대일 상대 비교 결과

- 매출액 달성률 〉 영업이익 달성률 비교합: 0+1+8+6+0+8+1+5 = 29
- 매출액 달성률 〈 영업이익 달성률 비교합: 1+2+6+5+3+4+3+4 = 28

비교합 결과를 보니 두 집단이 비슷하게 나타난다. 따라서 회사의 목표 대비 매출액과 영업이익 달성률은 큰 차이가 나지 않는다. 물론 만-위트니 검정 과정은 여기가 끝이 아니며 이 같은 결론을 도출하지 않는다. 윌콕슨 순위합 검정도 마찬가지다. 이해를 돕기 위해 개략적인 흐름만 설명한 것이니 오해가 없기를 바란다.

여기까지 윌콕슨 순위합 검정과 만-위트니 검정을 살펴보았다. 윌콕슨 순위합은 말 그대로 순위의 총합을 구해 검정하고, 만-위트니 검정은 값들을 비교해 값이 큰 경우 해당하는 개수의 총합을 구해 검정한다. 두 기법은 비모수적 양측 검정 기법으로 관측하거나 실험한 값이 서로 다른 환경의 독립적인 결과여야 하고, 어느 쪽이 크다는 서열을 표시할 수 있어야 한다.

크루스칼-왈리스 검정

모수적 검정에서도 확인했지만 세상에 비교 대상이 두 집단만 있는 건 아니다. 비모수적 검정에서도 2개 이상의 집단을 비교해야 하는 일은 있다. t-검정을 상대할 윌콕슨 순위합 검정과 만-위트니 검정이 있다면, 분산분석을 상대하는 데는 크루스칼-왈리스 검정Kruskal-Wallis test이 나선다.

앞서 소개한 윌콕슨 순위합 검정과 만-위트니 검정, 여기서 소개할 크루스칼-왈리스 검정의 장점을 한 단어로 표현하면 '단순함'이다. 관측값의 순위만으로 집단 간의 차이점을 검정한다는 사실은 대단한 발견이 아닐 수 없다. 하지만 '복잡함'에 대한 이해 없이 '단순함'을 찾을 수는 없다고 필자는 생각한다. 어떤 일을 진행할 때 필자는 이런 이야기를 자주 듣는다.

"단순하게 해. 뭐 복잡하게 생각할 거 있어?" 아니 필자가 얼마나 이 문제를 얼마나 복잡하게 생각하고 있는지 알고 하는 말일까? 그래서 필자는 속으로 생각한다. '그건 내가 복잡하게 생각하니까 의외로 단순하게 해결되는 겁니다.'

JOURNAL OF THE AMERICAN STATISTICAL ASSOCIATION

Number 260 DECEMBER 1952 Volume 47

USE OF RANKS IN ONE-CRITERION VARIANCE ANALYSIS

WILLIAM H. KRUSKAL AND W. ALLEN WALLIS
University of Chicago

▲ 윌리엄 크루스칼과 앨런 왈리스가 1952년 발표한 「단일 기준 분산분석에서 순위 사용(Use of ranks in one-criterion variance analysis)」 논문[12]

세상의 모든 아름다움은 어려운 문제의 정답을 찾는 과정에서 나온다고 한다. 단순함 역시 복잡한 문제의 정답을 찾는 과정에서 나온다. 다시 본론으로 돌아가자.

크루스칼-왈리스 검정은 이를 정립한 윌리엄 크루스칼(William Henry Kruskal, 1919~2005)과 앨런 왈리스(Wilson Allen Wallis, 1912~1998)의 이름을 따서 지어졌다. 이 둘은 만과 위트니처럼 스승과 제자도 사이도 아니었고 동료 학자라고 하기도 어려웠다. 둘의 공통점은 시카고 대학교에서 함께 근무했다는 점뿐이다.

▲ 윌리엄 크루스칼[13]과 앨런 윌리스[14]

윌리엄 크루스칼은 하버드 대학교Harvard University에서 수학 석사 학위를 받았다. 제2차 세계 대전 중에는 미 해군에서 근무했으며 이후 가족이 운영하는 기업에서 일하기도 했다. 크루스칼은 학업에 대한 욕

---

12 Journal of the American Statistical Association amstat.tandfonline.com/loi/uasa20

13 alchetron.com/William-Kruskal

14 위키피디아 commons.wikimedia.org/wiki/File:WAllenWallis1970.jpg

심이 컸는지 뒤늦게 콜롬비아 대학교Columbia University에서 박사 학위 과정에 들어갔고, 콜롬비아 대학교 재학 중인 1950년에는 운명적인 동료 앨런 월리스의 주선으로 시카고 대학University of Chicago의 교수가 됐다. 이후 시카고 대학교의 통계학부 명예교수까지 지내다 은퇴했다.

앨런 왈리스는 미네소타 대학University of Minnesota에서 심리학을 전공하고 시카고 대학에서 경제학 석사 학위를 받았다. 그는 학자이지만 매우 화려한 이력을 가지고 있다. 시카고 대학교 경영대학장을 시작으로 로체스터 대학교University of Rochester 총장, 아이젠하워Dwight Eisenhower 대통령의 특별 보좌관, 미국 통계 협회 회장, 경제부장관, 로널드 레이건Ronald Reagan 대통령의 경제 자문 등으로 활동했다. 앞서 소개된 여러 인물들이 자신의 전공 분야에서 뚜렷한 업적과 학문적 깊이를 더했다면, 왈리스는 다방면에서 두루 활동했다.

크루스칼-월리스 검정은 일원배치 분산분석의 비모수적 검정 기법으로, 서로 독립적인 환경에서 관측된 3개 이상의 집단을 검정하는 방법이다. 크루스칼-왈리스 검정의 기본 흐름은 윌콕슨 순위합 검정과 유사하다. 시계를 1950년대 초반으로 돌려 시카고 대학교의 한 연구실에서 일어나는 일을 들여다보자(다음 이야기는 크루스칼-왈리스 검정을 이해하기 쉽게 각색한 허구의 이야기다).

미국 시카고 대학교의 한 연구실, 대공황과 제2차 세계 대전을 겪은 미국의 경제 현실에 대해 두 석학이 연일 심도 깊은 의견을 주고받았다. 그들은 현재 미국 경제 상황을 파악하기 위해 가장 먼저 3개 대도시를 선택하고 각종 경제 지표를 활용해 최근 5년간 도시 경제에 점수를 부여했다. 오늘은 그 점수를 함께 검토하는 날이다.

"크루스칼 교수, 세 도시의 경제 점수를 뽑았습니까?"

구분	1년	2년	3년	4년	5년	평균	표준편차
뉴욕	21	31	19	22	26	23.8	4.76
시카고	17	23	28	25	24	23.4	4.04
LA	26	29	25	15	20	23	5.52

▲ 3개 도시의 경제 점수

"네, 다양한 지표를 활용해 점수를 부여했습니다. 이 표를 보시죠."

"크루스칼 교수가 부여한 점수의 평균만 보면 세 도시 모두 큰 차이가 없는데, 보이는 그대로 받아들일 수 있을까요? 구체적인 비교가 필요해 보입니다."

"맞습니다. 왈리스 교수님. 저도 지금 고민하고 있습니다. 서로 다른 환경에서 1차로 분석된 자료라서 모수적 검정을 진행하기는 곤란합니다. 몇몇 논문을 검토해 찾은 비모수적 검정인 만-위트니 검정으로 두 도시씩 검정을 진행할까 생각하고 있습니다."

"그것도 좋은 방법이네요. 추가로 윌콕슨의 순위합 검정을 응용해 다집단 비모수적 검정을 새롭게 연구해 보는 건 어떨까요?"

"아! 좋은 방법인 것 같습니다. 연구하고 다음에 결과를 알려드리겠습니다."

며칠 뒤, 크루스칼이 정리한 순위표를 검토하는 자리에서 두 사람은 다시 만났다.

정렬	15L	17C	19N	20L	21N	22N	23C	24C	25C	25L	26L	26N	28C	29L	31N
순위	1	2	3	4	5	6	7	8	9	10	11.5	11.5	13	14	15

▲ 오름차순으로 정리된 3개 도시의 경제 점수와 순위

"정리된 표를 보면 윌콕슨 순위합 검정대로 세 도시의 경제 점수를 오름차순으로 정리하고 그에 따른 순위를 부여하였습니다. 정렬된 경제 점수 뒤에 붙은 이니셜은 N은 뉴욕, C는 시카고, L은 LA입니다. 이를 기준으로 도시별 순위의 합을 다음과 같이 구했습니다."

- 뉴욕의 순위합: 3+5+6+11.5+15 = 40.5, 평균 순위: 40.5/5 = 8.1
- 시카고의 순위합: 2+7+8+9+13 = 39, 평균 순위: 39/5 = 7.8
- LA의 순위합: 1+4+10+11.5+14 = 40.5, 평균 순위: 40.5/5 = 8.1

"세 도시의 순위합을 구한 후 평균 순위를 구했는데 셋 다 비슷합니다. 세 도시 모두 경제적 어려움이 있는 것으로 보입니다."

"크루스칼 교수, 무엇보다 3개의 독립적인 표본도 비모수적 검정이 가능하다는 사실이 중요한 거 같습니다. 정말 수고하셨습니다."

이야기가 너무 비약적이고 즉흥적인 면도 없지 않아 있지만, 크루스칼-윌리스 검정을 이해하기에는 충분할 것이다. 크루스칼-왈리스 검정은 관측된 값들의 중앙값을 기본으로 한다는 점에서 윌콕슨 순위합 검정이나 만-위트니 검정과 유사하다.

Table 5. Performance comparison among programs

Program	Number of projects	Mean rank in stage 1 (EFFICIENCY)	Mean rank in stage 2 (EFFECTIVENESS)	Mean rank in stage 3 (PRODUCTIVITY)
A	7	109.07	37.07	60.36
B	14	122.00	51.61	53.71
C	7	56.57	87.57	158.93
D	64	79.23	104.66	98.41
E	6	134.58	28.50	28.50
F	73	81.64	85.50	81.50
Statistics of Kruskal-Wallis test		X^2 = 18.958, df = 5, p = 0.002	X^2 = 31.921, df = 5, p = 0.000	X^2 = 37.048, df = 5, p = 0.000
Relative comparison using Mann-Whitney U test		E > B > A > D, F > C	D > C, F > B > A, E	C > D > F > A, B > E

▲ 만-위트니 검정과 크루스칼-왈리스 검정을 진행한 연구의 예(전익진, 이학연(2015년), 「연구개발 사업화 성과 평가 : DEA 기반 3단계 R&BD 성과 모형」, 대한산업공학회지)

Q3 데이터 분석가나 데이터 과학자가 되려면 무엇을 공부해야 하나요?

A 최근 주변에서 가장 많이 듣는 질문이다. 데이터 분석을 하는데 가장 중요한 것은 수학도 통계 기법도 알고리즘도 아닌 비즈니스에 대한 이해다. 유통, 제조, 마케팅, 서비스 등 산업 분야의 형태를 알아야 하고, 여기에 그 회사만이 가진 특성도 알아야 한다. 이런 비즈니스 특성을 충분히 이해해야 분석 내용이 설득력을 얻게 된다.

비즈니스에 대한 이해는 데이터 분석 업무에만 필요한 것이 아니다. 외부업체에 어떤 문제 해결을 요청했지만, 결과가 도무지 이해되지 않고 무용지물인 경우가 더러 있다. 외부업체가 고객의 비즈니스를 충분히 이해하지 못했기 때문이다.

비즈니스를 이해하는 데는 시간이 걸릴 수밖에 없다. 이 시간을 줄이고 싶다면 여러 비즈니스 환경에 대해 사전에 공부하면 도움이 된다. 유통, 제조, 마케팅, 서비스 등 우리 사회에 보편적인 산업 형태를 공부하고 관련된 많은 서적을 두루 읽는 것이 좋다. 이런 관점에서 독서는 정말 중요한 덕목이다.

기초 지식을 탄탄히 하는 노력도 필요하다. 학창 시절에 수학을 못했다고 걱정할 건 없다. 필자 역시 수학 성적이 그리 좋지 않았다. 물론 수학은 통계를 넘어 데이터 분석의 기본이며 알고리즘을 이해하는 데 필수 불가결의 요소다. 또한 새로운 통계 기법이나 데이터 분석 기법을 개발하고자 한다면 아마도 엄청난 양의 수학을 다시 공부해야 할지 모른다. 하지만 세상에는 이미 수많은 분석 기법이 공개돼 있다. 이 기법들을 다 사용하기도 힘들뿐더러 한 가지라도 완벽하게 구사할 줄 안다면 그것으로도 충분할 것이다.

여기서 말하는 기초는 정말 기본적인 것을 말한다. 먼저 평균(편차, 확률)에 대한 완벽한 이해가 필요하다. 평균이 없는 데이터 분석은 없다. 모든 출발은 평균에서 시작한다. 앞서 데이터 분석은 확률이라고 했다. 확률이란 개념의 이해도 필수다. 수학적으로 접근하지 않아도 괜찮다. 평균과 확률에 대한 책은 많다. 책이 아니더라도 평균과 확률 관련 글을 검색해 읽고 이해하자.

알고리즘 공부도 소홀히 해서는 안 된다. 최근 데이터 분석 분야에서 컴퓨터 전공자가 우대받는 것은 바로 이 알고리즘에 대한 이해가 빠르기 때문이다. 알고리즘에 강하면 문제 해결능력도 함께 상승한다. 틈틈이 챙겨두자.

데이터 분석을 공부하는 학과는 많다. 통계학과를 비롯해 컴퓨터공학, 경영, 경제, 산업공학, 수학, 문헌 정보 등 많은 학과에서 데이터 분석을 연구하고 공부한다. 단지 학과마다 접근 방식이 조금 다를 뿐이다.

'SQL이 뭐죠? R은 어떻게 써요? 알고리즘을 잘못 짜요! 인공신경망 분석을 해본 적이 없어요.'

하지만 걱정하지 말자. 이건 경험이고 충분한 학습과 반복으로 극복할 수 있다. 이보다 더 중요한 것은 어떤 경우에 어떤 기법을 써야 하는지를 아는 것이다. 그 이전에 비즈니스 환경과 데이터 분석의 기본 원리를 이해하는 게 필요하다.

마지막으로 한 가지만 더 당부하면, 사람들과의 원만한 커뮤

니케이션 능력은 무척 중요하다. 데이터는 때로 누군가에게 원치 않는 결과를 알려주기도 한다. 데이터가 누군가에게는 꿀처럼 달콤하지만 다른 누군가에게는 독이 될 수 있다. 현업에서는 이를 극복하는 능력이 어찌 보면 가장 중요하다고 할 수 있다. 이것은 필자의 경험에서 나온 말이다.

3부

진화 I

7장

너랑 나랑은 그렇고 그런 사이니까

초록(草綠)은 동색이다

유유상종(類類相從)

너랑 나랑은 그렇고 그런 사이니까

분류와 군집

필자는 우열반이 존재하던 시절에 학창시절을 보냈다. 그리 풍족하지 않았던 필자의 어린 시절을 돌아보면 우등반과 열등반으로 나뉘던 학교처럼 많은 부분이 분리된 삶을 살았다. 지금 우리 아이들의 학교에서는 부모님의 학벌도 소득 수준도 재산 정도도 조사하지 않는다. 많은 것이 사라졌다고 하지만 우리 사회에서 특정 기준에 따라 분류하는 행위가 완전히 없어졌다고는 볼 수 없다. 이런 이야기를 하는 이유는 이러한 행위 자체가 그리 좋은 사회 현상이 아니기 때문이다. 아이러니하게도 우리가 다루는 데이터 분석에서는 특징 또는 속성에 따른 분류와 분리, 그룹화가 매우 중요한 기법으로 쓰이고 있다.

데이터 분석에서 분류와 군집은 의미가 명백히 다른데, 두 용어를 혼동해 사용하는 경우가 의외로 많다.

이 두 용어를 이해하려면 데이터 분석에서 두 용어에 어떤 차이가 있는지부터 이해해야 한다. 분류는 새로운 데이터를 이미 정해진 체계(속성 또는 기준)에 따라 구분해 가장 유사한 그룹에 배치하는 것을 말한다. 반면 군집은 체계(속성 또는 기준)가 정해지지 않은 상태에서 체계를 정립하고 새 데이터를 가장 유사한(근접한) 속성끼리 묶어 그룹을 구성하는 것이다.

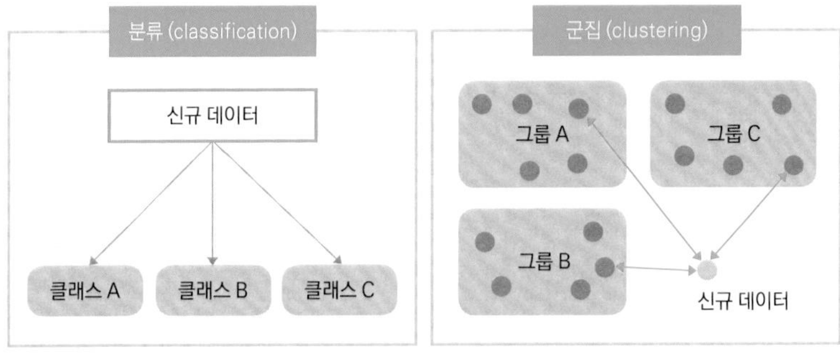

▲ 분류와 군집

즉, 분류란 이미 설정된 체계와 규칙 또는 조건에 따라 데이터를 분리하는 것이다. 군집은 이와는 반대로 전체 데이터를 보고 유사한 성질과 특성 또는 규칙에 따라 데이터를 묶는 작업을 의미한다. 따라서 분류는 이미 개수가 정해져 있지만, 군집은 최종 개수를 사전에 알 수 없다. 그래서 분류는 정해진 기준을 대상에 '적용'해 나누는 것이고, 군집은 기준을 '탐사'하고 대상을 나누는 것이다. 전박봉 과장의 이야기를 통해 분류와 군집을 이해해 보자.

전 과장은 연말에 있을 송년행사를 위해 부장으로부터 다음과 같은 업무 지시를 받았다.

“전 과장, 이번 송년행사는 말이야. 직원들의 의견을 충분히 수렴해 진행하라는 지시가 있었어. 그래서 전 과장이 조사를 좀 하고 최종안을 제출하도록 하지.”

“네, 그런데 설문 방식은 어떻게 할까요?”

“아니 그 정도는 전 과장이 알아서 해야지. 내가 일일이 다 설명해 줘야 하나? 그럴 거면 내가 하지 뭐하러 전 과장을 시키나?”

“네, 알겠습니다. 이번 주 금요일까지 설문조사를 하고 정리해 다음 주 월요일에 보고하겠습니다.”

상사가 괜스레 짜증을 낸다고 생각한 전 과장은 잔소리에 기분이 썩 좋지 않았다. 한두 번 있는 일도 아니어서 끓어오르는 화를 참으며 설문조사를 준비했다.

전 과장은 먼저 설문 대상자를 선별하기로 했다. 전 직원을 대상으로 하면 본인이 하나하나 다 챙겨야 해 범위가 너무 넓고, 표본을 뽑아 조사하면 전 사원 의견이 수렴되지 않을 것 같아 고민이었다. 결국 전 과장은 부서별 조사를 부탁하고 부서별로 집계된 결과만 받기로 했다. 부서별 담당자에게 설문조사를 의뢰하고 희망하는 송년행사 중 상위 4개 항목을 회신하라고 요청했다. 전 과장은 각 부서의 의견을 다음과 같이 정리했다.

전 과장이 정리한 이 그림은 부서라는 기준이 이미 정해져 있고 이를 기준으로 희망 항목을 정리한 것이므로 부서별 ‘분류’를 진행한 결과로 볼 수 있다.

하지만 이대로 보고하면 부장이 ‘결과적으로 어떤 행사를 하자는 거야?’라고 되물으며 성을 낼 것이다. 그래서 분류 내역을 바탕으로 설문 결과를 다음과 같이 새롭게 정리했다.

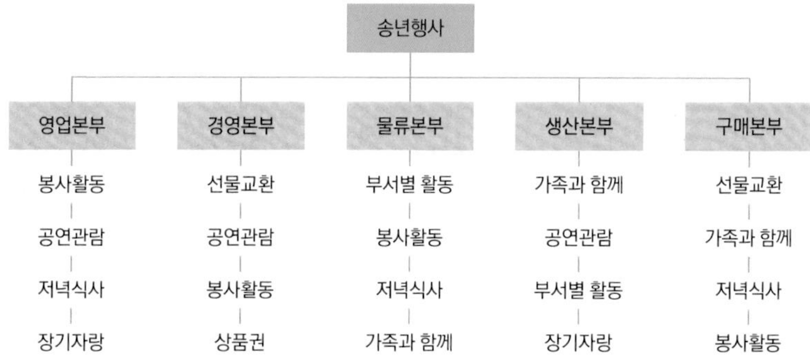

▲ 부서별 희망 송년행사 1

송년행사					
	봉사활동	영업본부	경영본부	물류본부	구매본부
	공연관람	영업본부	경영본부	생산본부	
	저녁식사	영업본부	물류본부	구매본부	
	장기자랑	물류본부	생산본부	구매본부	

▲ 부서별 희망 송년행사 2

부서별로 받은 희망 행사의 목록을 확인해 가장 많은 4개의 행사 항목을 기준으로 희망한 부서를 정리했다. 설문 내용을 확인하고 같은 항목을 기준으로 새롭게 정하고 군집화clustering한 것이다.

이제 분류와 군집의 차이가 확실히 이해되는가?

거리로부터

군집화에 앞서 한 가지 고민할 것이 있다. 군집화는 개체 간 속성을 분석해 유사한 속성을 가진 개체끼리 묶는 행위다. 여기서 개체는 분석 대상이며, 속성은 분석 대상의 특성이다. 그러면 이제 유사한 속성이 무엇인가만 남았다. 유사성, 다른 말로 유사도similarity라고도 하는데, 과연 어떤 원리로 구하는 걸까?

데이터 분석은 수학을 기반으로 한 확률이고, 수학은 수를 다루는 학문이다. 군집화 분석을 위해 유사도를 측정해야 한다면, 유사도 역시 수로 표현돼야 할 것이다.

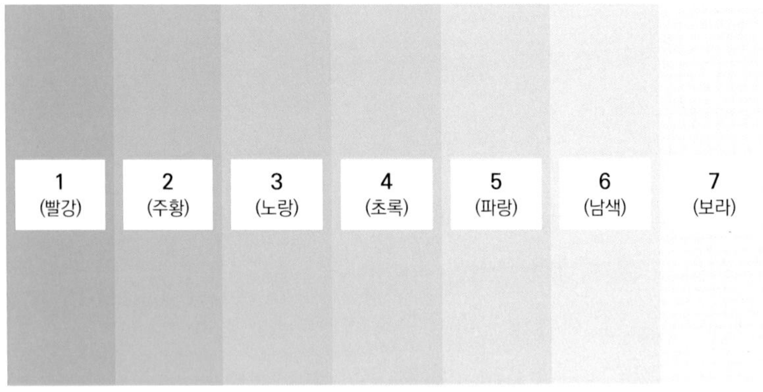

▲ 무지개 색상별 임의의 수

무지개를 생각해 보자. 색상을 수로 표현하는 것이 데이터 분석의 기본이므로 빨강색부터 보라색까지 순차로 1에서 7까지의 수를 임의로 부여한다.

이제 무지개 색상을 부를 때 오로지 숫자만을 말하기로 하자. 즉, 빨강은 1, 파랑은 5라 부르는 식이다. 무지개에서 가장 중앙에 위치한 4와 가장 근접한 3과 5는 유사도가 얼마일까? 우리는 색상을 이미 숫자로 바꿨으므로 4를 기준으로 두 수의 차이를 구하면 된다. 3과 4의 차이는 +1, 4와 5의 차이는 - 1이다. 추가로 4와 7의 차이는 - 3, 4와 2와의 차이는 +2다.

오! 뭔가 조금씩 감이 오긴 하는데, +, -가 섞여 나오니 혼란스럽다. 그래서 절대값을 취하려고 한다. 절대값은 무엇일까? 일반적으로 수가 가질 수 있는 속성 중에는 방향과 거리가 있다. 그래서 양수와 음수로 수를 표현하는 것은 방향을 나타낸다. +3은 정방향으로 3칸, -3은 역방향으로 3칸 떨어진 것이다. 즉, 0을 기준으로 정방향이든 역방향이든 모두 3칸 떨어졌단 의미다. 이 방향성을 뺀 값을 '거리'라 하고, 그 값을 절대값이라고 부른다.

거리란 개념을 이용해 무지개의 색상 간 거리를 표로 정리하면 다음과 같다.

	1(빨)	2(주)	3(노)	4(초)	5(파)	6(남)	7(보)
1(빨)	0	1	2	3	4	5	6
2(주)		0	1	2	3	4	5
3(노)			0	1	2	3	4
4(초)				0	1	2	3
5(파)					0	1	2
6(남)						0	1
7(보)							0

▲ 무지개 색상별 거리

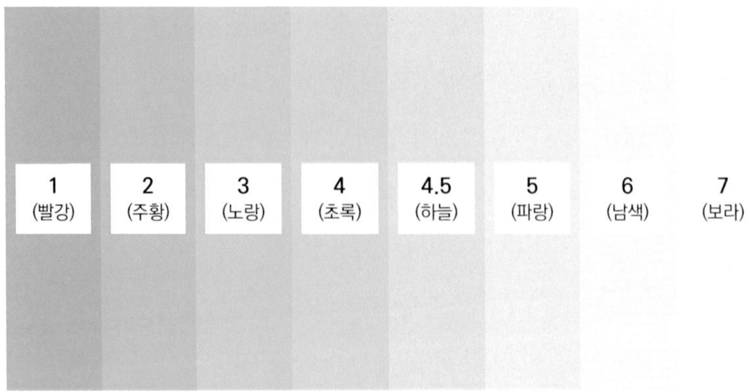

▲ 무지개 색상 재배치

색상을 숫자로 표현해 거리를 확인해 보니 빨간색과 보라색의 거리가 가장 멀다. 무지개의 색을 '빨주노초파남보'라고 부를 때 빨간색이 처음이고 보라색이 마지막인데, 숫자로도 그 거리를 계산할 수 있다.

그러면 거리는 군집과 어떤 관계가 있을까? 앞부분에서 유사도를 언급했는데, 바로 이 유사도를 측정할 때 거리가 가장 훌륭한 조력자가 된다.

지구 온난화로 무지개에 새로운 색이 포함됐다 가정하자. 새로운 색상의 숫자는 4.5다. 4.5를 무지개 색에 대입해 보니 4와 5에서 거리가 0.5였다. 그러므로 새로운 색상 4.5는 4와 5 사이에 추가한다.

이렇듯 거리는 데이터의 속성을 파악해 분류하고 군집하는 유사도 측정에 가장 많이 활용하는 기법이다. 거리를 계산하고 인접한 거리로 묶어주는 것이 군집화의 가장 기본 원리다.

유사도 계산

현재까지 발표된 연구들을 보면 분석 대상이 된 데이터 간의 유사도를 측정하는 공식은 의외로 많다. 연구자마다 또는 분석 진행자마다 각자의 개성과 상황에 따라 다른 유사도 공식을 고안하고 사용하고 있다. 물론 이런 연구는 논리적인 배경이 충분히 보장된 상태에서 진행돼야 한다. 이번에는 유사도 측정 공식 중 거리를 이용한 가장 대표적인, 우리가 학창시절 수학시간에 들어 봤음직한, 유클리드 거리Euclidean distance를 살펴본다.

유클리드(Euclid, B.C.330~B.C.275)는 고대 그리스의 수학자다. 기원 전 사람이다 보니 그의 삶과 관련된 자료가 거의 없다. 몇 개 남아있지 않은 자료 중 가장 유명한 것은 기하학 분야의 고대 문헌에서 최고 베스트셀러로 손꼽히는 유클리드 원론Euclid's Elements이다. 20세기 초까지만 해도 이 책은 기하학 교과서로 많은 국가에서 사용했다. 다른 말로 '유클리드 기하학'이라고 불리는 이 책에는

▲ 유클리드 원론의 최초 영문 번역판[1]

---

1 위키피디아 commons.wikimedia.org/wiki/File:Title_page_of_Sir_Henry_Billingsley%27s_first_English_version_of_Euclid%27s_Elements,_1570_(560x900).jpg

우리가 익히 알고 있는 두 정수의 최대공약수를 구하는 대표 공식인 유클리드 호제법Euclidean algorithm과 여기서 다루는 유클리드 거리Euclidean distance에 대한 내용이 담겨 있다.

유클리드 거리 계산을 쉽게 표현하면 공간상에 찍힌 두 점 사이의 거리를 계산하는 공식이다. 이쯤에서 수학 좀 해 봤다 하는 사람은 '두 점 사이의 거리 계산은 굳이 유클리드 거리보다 더 쉬운 방법이 있는데'라고 할지 모른다. 그렇다. 피타고라스의 정리가 떠오른다. 다음 그림을 보자.

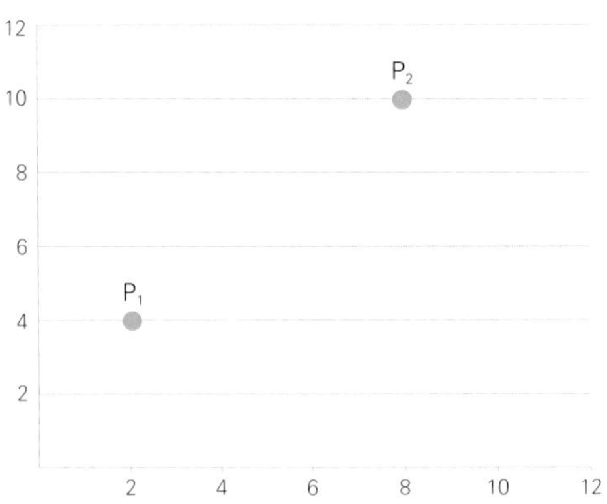

▲ 좌표상 임의의 두 점

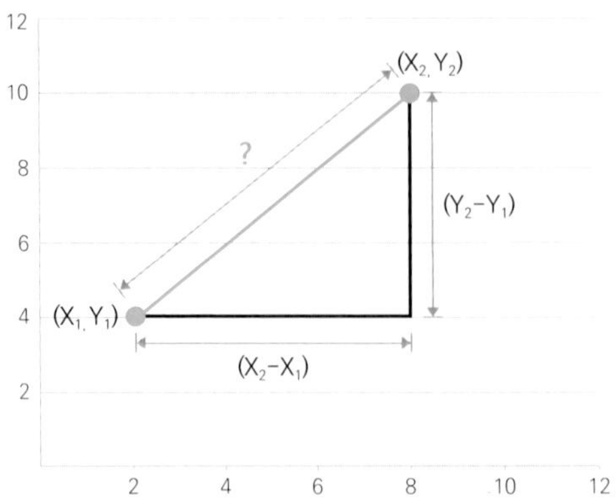

▲ 2차원 좌표상 두 점의 거리 구하기 - 피타고라스의 정리

X와 Y를 축으로 하는 2차원 좌표상에 점 P_1과 점 P_2가 있다. 두 점의 거리는 어떻게 될까? 맞다! 피타고라스 정리를 활용하면 정답을 얻을 수 있다.

그래프 안에 물음표로 표시된 2차원 좌표상의 두 점 P_1, P_2의 거리를 계산하는 피타고라스의 정리는 다음과 같다.

- 피타고라스의 정리: $a^2 + b^2 = c^2$

  $c = \sqrt{a^2 + b^2}$

피타고라스의 정리에 따라 a^2은 $(X_2\text{-}X_1)^2$이 되고 b^2은 $(Y_2\text{-}Y_1)^2$이 된다. 따라서 P_1, P_2의 거리는 다음과 같다.

- P_1, P_2의 거리 $= \sqrt{(8-2)^2 + (10-4)^2} = 8.5$

피타고라스의 정리만으로도 충분히 두 점 사이의 거리를 구할 수 있다. 그런데 왜 유클리드 거리를 사용할까? 해답은 공간 개념에 있다. 피타고라스의 정리는 2차원상의 거리를 구하는 데 아무 문제가 없다. 그러나 현실 세계와 같은 3차원상에서 두 점의 거리를 구한다면? 또는 우리가 다루는 데이터가 2차원으로 설명이 가능할까?

유클리드 거리는 N차원 공간의 두 점 사이의 거리를 측정하는 공식이다. 이 공식은 피타고라스의 정리와 매우 유사하다. 다음과 같이 2차원 거리 공식을 N차원으로 확대하면 된다.

- 유클리드 거리(Ed) = $\sqrt{(P_1 - Q_1)^2 + (P_2 - Q_2)^2 + \cdots + (P_n - Q_n)^2}$

$$= \sqrt{\sum_{i=1}^{n} (P_i - Q_i)^2}$$

여기서 P와 Q는 N차원에 존재하는 점의 좌표를 의미한다. 별 것 아닌 것처럼 보이지만, 이러한 공식을 발견하고 증명하는 것은 쉽지 않다. 앞서 정의한 유클리드 거리 공식은 피타고라스의 정리로 충분히 설명할 수 있다.

그러나 유클리드 거리 공식은 그 값을 유사도에 그대로 사용하기에는 한 가지 문제가 있다. 이 공식은 최댓값이 정해져 있지 않아 유사도, 즉 '가깝다', '가깝지 않다'의 기준을 정하기 어렵다. 실제 거리를 측정할 때는 유리하지만, 근접성을 확인하는 유사도에는 이용하기 어렵다. 그래서 유클리드 거리로 계산된 값이 0에서 1 사이의 값이 되게 정규화를 해야 한다.

- 유클리드 거리 유사도 = $\frac{1}{1 + Ed}$

계산한 유클리드 거리 값에 1을 더하고 이 값의 역수를 취한다. 그러면 이 값은 0에서 1 사이의 값이 나온다. 유사도 값이 1에 가까울수록 유사도가 높다고 판단할 수 있다.

다음 사례를 통해 데이터 분석에서 유클리드 거리 유사도를 어떻게 활용할 수 있는지 간단히 알아보자.

전박봉 과장은 출시 예정인 신제품의 마케팅 전략을 수립하기 위해 고객의 특성을 정리하고 공략 대상 고객을 선별하라는 지시를 받았다. 이에 전 과장은 자사의 핵심 제품 C1, C2, C3를 구매한 고객 중에서 제품별로 무작위 고객 100명을 선별하고 설문조사를 해 그들이 구매할 때 고려한 핵심적인 네 가지 특성을 정리했다. 고객은 세 가지 제품을 구매할 때 기능, 디자인, 가격, 내구성을 중점적으로 고려했다.

C1 제품을 구매한 고객 중 기능에 응답한 고객은 32명, 디자인 22명, 가격 38명, 내구성 8명이었다. C2 제품은 기능 41명, 디자인 17명, 가격 29, 내구성 13명이며, C3 제품은 기능 25명, 디자인 16명, 가격 21명, 내구성 37명이었다.

- C1 = (32, 22, 38, 8)
- C2 = (41, 17, 29, 13)
- C3 = (25, 16, 21, 37)

새로 출시할 신제품 C4에 대해서도 기존에 자사 제품을 구매한 고객 중 무작위로 뽑은 100명의 고객에게 똑같은 특성을 기준으로 설문조사를 했다. 그 결과는 다음과 같다.

- C4 = (23, 26, 20, 31)

이렇게 정리된 네 가지 특성에 따른 설문 내용을 바탕으로 신제품 C4가 기존 어떤 제품과 유사한지를 확인하고 해당 고객들을 공략 대상으로 선정해 마케팅에 활용하기로 했다. 전 과장은 제품별 네 가지 특성 값들을 좌표로 생각하고 C4와 기존 제품과의 유클리드 거리 유사도를 측정했다.

- C1과의 거리 $= \sqrt{(23-32)^2 + (26-22)^2 + (20-38)^2 + (31-8)^2} = 30.8$

- C2와의 거리 $= \sqrt{(23-41)^2 + (26-17)^2 + (20-29)^2 + (31-13)^2} = 28.5$

- C3와의 거리 $= \sqrt{(23-25)^2 + (26-16)^2 + (20-21)^2 + (31-37)^2} = 11.9$

- C1의 유사도 $= \dfrac{1}{1+30.8} = 0.03$

- C2의 유사도 $= \dfrac{1}{1+28.5} = 0.03$

- C3의 유사도 $= \dfrac{1}{1+11.9} = 0.08$

그 결과, 유사도가 높진 않았지만 신제품 C4는 세 제품 중 C3와 가장 유사했다. 전 과장은 이 결과를 바탕으로 마케팅팀에 C3 구매 고객을 대상으로 마케팅을 진행하자고 제안했다. 활용법을 간단히 소개하려 했는데, 유난히 공식이 많았다. 그렇다고 어렵진 않았을 것이다. 다시 말하지만 이러한 공식이 있다는 것만 아는 것으로도 충분하다.

그 밖의 유사도 공식

유클리드 거리 유사도를 설명하며 잠깐 언급했지만 유사도 공식은 상당히 많다. 이번에는 다른 유사도 측정 기법을 간략하게 알아보겠다.

거리를 활용한 유사도 이외의 또 다른 방법으로 맨해튼 거리Manhattan

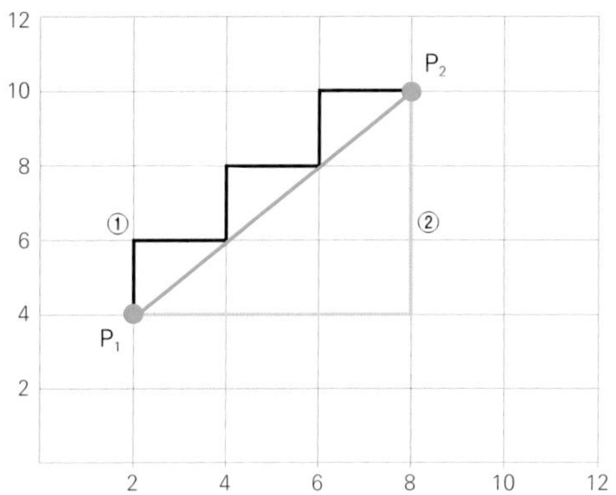

▲ 유클리드 거리와 맨해튼 거리 비교

distance 공식이 있다. 여기서 맨해튼은 모두 아는 뉴욕의 지명이다. 유클리드 거리는 거리를 계산할 때 장애물을 고려하지 않는다. 즉, 유클리드 거리는 최단 거리라 할 수 있다. 그러나 실생활에서는 최단 거리만을 이용할 수 없다. 맨해튼은 서울, 아니 그보다 도심이 더 복잡하다. 다음 그래프를 보자.

이 그래프에서 P1에서 P2로 가는 가장 빠른 길은 직선인 푸른색 길(선)이다. 이 선은 앞서 살펴본 유클리드 거리다. 그러나 실제 도로가 그래프처럼 바둑판 모양이라면 유클리드 거리가 제안한 길로는 갈 수 없다. 그래서 도로를 따라 간다면 선 ①이나 선 ②가 가장 빠른 길이 것이다. 이 두 선을 구하는 게 맨해튼 거리 공식이다.

맨해튼 거리 공식은 유클리드 거리 공식보다 매우 간단하다. 맨해튼 거리는 두 좌표 값의 차이에 절대값을 취해 구한다.

- 맨하튼 거리 $= \left|P_1 - Q_2\right| + \left|P_2 - Q_1\right| + \cdots + \left|P_n - Q_n\right| = \sum_{i=1}^{n} \left|P_i - Q_i\right|$

따라서 유클리드 공식을 따르는 직선(최단 거리)의 거리는 앞서 구한 것처럼 8.5이고 맨해튼 공식을 따르는 선 ①과 ②의 거리는 12다.

거리를 기반으로 한 유사도 공식만 있는 것은 아니다. 다음으로 소개할 유사도 공식은 거리가 아닌 각도에 따라 유사도를 측정한다. 코사인 유사도cosine similarity는 삼각함수에서 나오는 코사인cosine, cos을 이용한다. 삼각함수가 웬 말인가! 슬퍼하지 말자. 수학 책이 아니므로 삼각함수에 대한 설명은 접어두고 코사인 유사도의 원리만 간단히 소개하겠다.

우선 코사인을 알아보자. 피타고라스의 정리는 익히 알고 있는 매우 유용한 수학 공식이며 불변의 진리다. 그런데 피타고라스의 정리에 등장하는 삼각형은 오로지 직삼각형(직각 삼각형)만 다룬다. 그러나 세상에는 직삼각형 외에도 많은 삼각형이 있다. 코사인은 이 직각이 아닌 일반 삼각형에 적용하는 공식이다. 코사인은 피타고라스의 정리와 유클리드 거리 공식으로 충분히 증명할 수 있다.

그러면 정확히 코사인이란 무엇일까? 코사인은 익히 아는 삼각함수

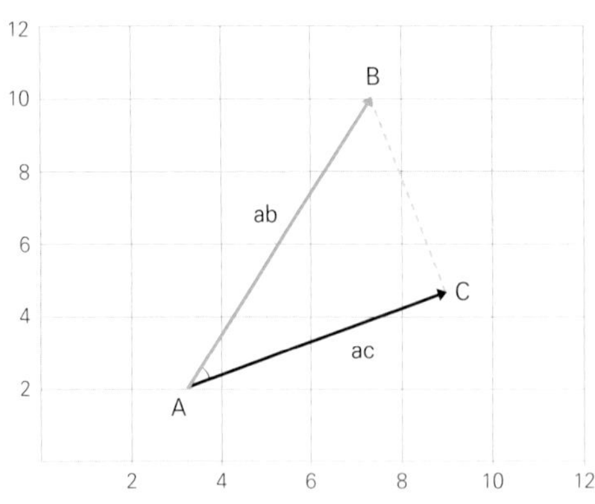

▲ 코사인 설명을 위한 그림

의 하나다. 더 정확히 표현하면 코사인은 2차원 평면에서 볼 때 한 지점에서 출발한 방향을 가진 두 값(벡터)의 길이에 대한 비율을 의미한다.

이 그림을 보면, 임의의 점 A에서 출발한 두 값 B와 C는 각각의 방향을 가지고 있다. 출발점 A로부터 B까지의 거리를 ab, A에서 C까지의 거리를 ac라고 할 때 코사인 A는 다음과 같다.

- 코사인 $A = \frac{ac}{ab}$

코사인 유사도는 이 공식을 기본으로 활용한다. 앞의 그림에서 B와 C의 방향이 같다고 가정해 보자. 그러면 A의 각도는 0이고 코사인 값은 1이 될 것이다. 만약 B와 C의 방향이 90도를 이루면 코사인 값은 0이 되고, 두 방향이 정반대인 180도면 코사인 값은 -1이 된다. 유사도는 0과 1 사이의 값을 수렴하므로 코사인 유사도는 두 값의 방향이 0도일 때와 90도일 때를 기준으로 한다. 따라서 두 값의 방향성이 정확히 일치하는 0도일 때 값이 1이므로 가장 유사도가 높고 각도가 늘어날수록 1보다 값이 작아지며 0이 유사도가 가장 낮다고 판단한다.

6장에서 살펴본 피어슨 상관계수 역시 유사도를 측정하는 매우 훌륭한 도구다. 그리고 뒤에서 설명할 패턴 분석에 유용한 분석 방법의 하나인 연관규칙의 신뢰도와 중첩 비중에 따른 지수 활용Inclusive index, Jaccard Index으로도 유사도를 구할 수 있다.

8장

k에게 물어봐

데이터 분석의 가장 기본은
데이터를 특성에 따라 분리하는 것이다

k에게 물어봐

k로 뭉쳐라

유사도로도 데이터를 분류하고 특성에 따라 구분할 수 있다. 이번에는 유사도로 표현할 수 있는 군집화 데이터 분석 기법을 알아본다.

현재 대한민국의 주거 형태는 공동 주택, 흔히 아파트라는 공간이 주를 이룬다. 2016년 인구주택총조사에 따르면 전체 주택 1,669만 호 중 아파트가 1,003호로 60.1% 차지한다. 많은 사람이 아파트에 살고 있지만, 벽 하나를 두고 사는 이웃과 말 한마디 하지 않고 누가 사는지 모르는 경우가 허다하다.

옆집에 살면 다 이웃일까? 현실에서는 그렇다 할 수 있을지 몰라도 데이터 분석에서는 단순 거리가 아닌 속성 간의 거리로 판단한다. 101호에는 경찰관이 살고 있다. 그는 옆집 사람과 일면식은 있지만 대화를 한 적은 없다. 102호에는 최근 동네에서 발생한 도난 사건의 범인이 살고 있다. 이 두 사람을 우린 보통 이웃이라 부르지만, 직업 특성을 고려하면 이웃이라 하기에는 그 거리가 매우 먼 것을 알 수 있다.

K-최근접 이웃 알고리즘k-nearest neighbors algorithm, 이하 k-NN는 이렇게 데이터 속성을 파악해 가장 가까운 이웃을 묶는 데이터 분석 기법이다.

k-NN을 간단히 설명하면 이렇다. 기존 데이터 집단이 있다. 이 데이터 집단을 특정 기준에 따라 분류하고 분류한 집단마다 명패를 부여한다. 새로운 데이터는 분류된 집단에서 가장 인접한 집단에 배치한다. 다음 사례를 보자.

전박봉 과장의 회사에 신입사원이 들어왔다. 인사팀은 예년과 다르게 이번에 입사한 신입사원들의 부서 배치를 좀 더 효율적으로 진행하기로 했다. 인사팀은 데이터분석팀에 신입사원의 특성을 정확히 파악해 적절한 부서에 배치할 방안을 의뢰했다. 데이터분석팀에 전 과장만한 인물이 있을까? 이 업무는 전 과장에게 주어졌다. 그는 다음과 같은 기준을 세우고 신입사원을 배정하기로 했다.

회사에는 총 6개의 본부가 있다. 각 부서의 구성원별 특성 중에서도 성향과 전공을 면밀히 검토해 각 특성값에 1부터 10까지의 숫자를 부여한다. 신입사원 역시 전공과 성향을 1에서 10까지 표현해 그 거리가 가장 가까운 부서에 배정한다.

그림과 같이 각 부서의 영역을 특성값에 따라 설정한다. 다음으로 부서별 직원(각각의 모형)과 신입사원(별)의 거리를 유클리드 거리 공식을 활용해 다음과 같이 구한다(수식은 앞에서 설명한 유클리드 거리 공식 참조하자).

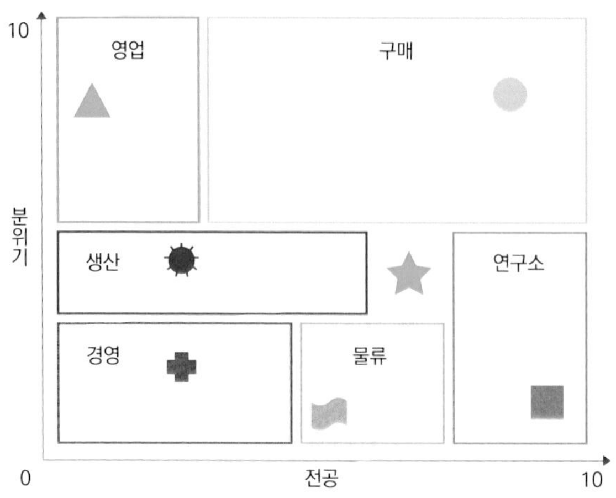

▲ 부서별 영역과 직원의 위치

부서별 특성	업무 특성	전공	부서	신입사원과의 거리
▲	8	1	영업	0.135
●	4	3	생산	0.250
✚	2	3	경영	0.217
●	8	8	구매	0.183
■	1	5	물류	0.240
■	2	9	연구소소	0.217

신입사원의 위치(4, 6)

▲ 신입사원과 부서별 직원의 거리

계산 결과, 신입사원은 생산부서의 직원과 거리가 가장 가까웠다. 따라서 신입사원은 생산부서로 발령하기로 했다.

Table 3 Comparison of Classification Performances of the proposed Classifier to Conventional Classifiers

Classifier	Ratio of Feature Seletion (%)	Test Error Rate (%)
Linear Classifier (1-layer NN)	100	12.0
Linear Classifier (1-layer NN)	100	8.4
pairwise linear classifier	100	7.6
K-nearest-neighbors, Euclidean (L2)	100	5.0
K-nearest-neighbors, Euclidean (L2)	100	***2.4***
K-NN, Tangent Distance	$\frac{256}{784} \times 100 = 32.65$	***1.1***
Proposed Classifier, k=3	$\frac{30}{784} \times 100 = 3.83$	3.79
Proposed Classifier, k=10	$\frac{30}{784} \times 100 = 3.83$	4.25
Proposed Classifier, k=30	$\frac{30}{784} \times 100 = 3.83$	***2.79***
Proposed Classifier, k=50	$\frac{30}{784} \times 100 = 3.83$	3.06
Proposed Classifier, k=100	$\frac{30}{784} \times 100 = 3.83$	3.77

▲ K-NN 분류기법을 적용한 연구의 예[2]

k의 경계선과 중심값

k-평균 군집화k-means clustering, 이하 k-means 기법은 거리를 통해 새로운 데이터를 분리된 군집에 추가하는 점에서는 K-최근접 이웃 알고리즘과 유사하지만 몇 가지 다른 특징이 있다.

k-means는 n개의 데이터를 k개의 군집으로 분리해 경계선을 작성한다. 여기서 보듯이 k-means에서 'k'는 군집의 개수다. 이렇게 분리된 각 군집의 평균 거리를 계산(중심값)하고 군집별 중심값과 비교해 거리가 가장 가까운 것을 선택한다. 예를 들어, 군집 A, B, C가 있다고 가정해 보자. 그러면 A와 B의 거리, A와 C의 거리, B와 C의 거리를

2 「Stacked Autoencoder를 이용한 특징 추출 기반 Fuzzy k-Nearest Neighbors 패턴 분류기 설계」, 노석범, 오성권(2015년), 전기학회논문지 제64권

계산하고 이들의 평균을 중심값으로 한다. 새로운 데이터가 들어오면 군집별 중심값과 비교해 거리가 가장 짧은 군집에 분배한다. 만약 새로운 데이터가 k-1 군집에 포함되면 해당 k-1 군집은 평균 거리를 다시 계산해 새로운 중심값을 도출한다. 따라서 새로운 데이터가 들어올 때마다 군집의 모양이 변하고 경계선이 새롭게 작성된다. 새로운 데이터가 들어온 k-1 군집은 타 군집과 중심값을 다시 비교해야 한다. 중심값의 변화가 가장 적고 경계선의 이동이 없을 때까지 앞의 과정을 반복한다.

k-NN에서 예시로 작성한 표 〈신입사원과 부서별 직원과의 거리〉가 부서별 군집의 평균이라고 가정한다면 신입사원은 생산부서로 배치가 되고 생산부서의 군집 평균은 (4, 3)에서 (4, 4.5)로 바뀌게 되며 그 모양은 다음 그림과 같이 변하게 된다.

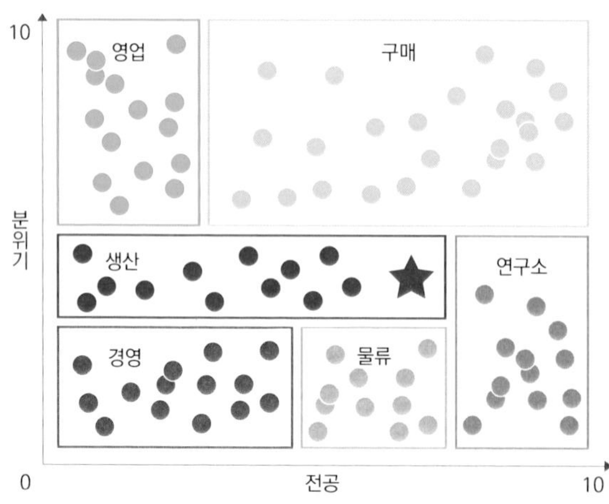

▲ k-means 기법을 이용한 신입사원 배치

물론 이 그림은 예시다. 실제로 k-means에서 도형의 모양은 경계선을 기준으로 작성한다. 그리고 중심값 역시 (4, 4.5)가 아니고 타 군집과 비교해 가장 가까운 거리로 다시 계산된다.

k-NN, k-means 모두 핵심은 정확한 거리 계산이다. 두 기법은 거리 계산에 대한 명확한 기준만 설정된다면 개념이 복잡하지 않으며 구현이 쉽다는 장점이 있다. 이런 이유로 k-means 기법은 데이터 분석에서 군집화에 매우 폭넓게 활용되고 있다.

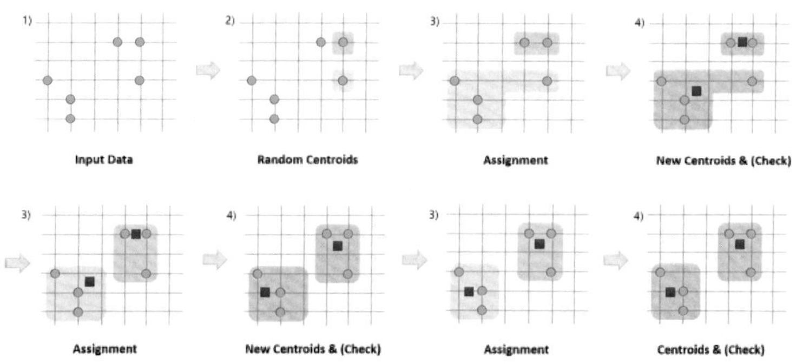

▲ k-means 분류기법을 적용한 연구의 예 (신동혁, 안광규, 최성춘, 최형기 (2016년), 「K-평균 클러스터링을 이용한 네트워크 유해트래픽 탐지」, 한국통신학회논문지 제41권)

Q4 회사에 빅데이터 담당자를 채용하려고 합니다만?

A 얼마전 만난 대학 선배와의 대화 내용이다.

"이번에 회사에서 빅데이터 담당자를 채용한다고 하는데 좋은 사람 있으면 추천 좀 해봐."

"내가 하는 데이터 분석도 빅데이터의 한 분야인데, 빅데이터 담당자라면 어떤 분야를 말하는 거야?"

"분야? 너처럼 데이터 분석하는 사람 찾는 거지 뭐."

고민 끝에 필자는 선배에게 이렇게 말했다.

"선배, 그냥 시대 흐름이 그러니까 구색 맞추기로 채용하는 거면 포기해. 분석 잘하는 사람만 뽑지 마. 그건 아니야. 자고로 빅데이터 전문가라면 자원관리, 기술관리, 분석 능력 등이 두루 겸비 돼야 하는데 그런 사람은 많지 않아.'

단편적인 대화지만, 이 이야기는 각 기업의 인사 담당자가 깊이 생각해 볼 문제다. 빅데이터 분야는 기술과 자원, 분석 인력이 적절한 조화를 이루어야 그 힘을 충분히 발휘할 수 있다. 그래도 굳이 담당자를 한 사람 채용해야 한다면 비즈니스 이해력이 뛰어나고 분석 결과를 올바르게 해석할 수 있는 해박한 지식이 있는 사람을 뽑는 것이 낫다. 그게 아니라면 그냥 훌륭한 업체 찾아서 좋은 파트너십을 유지하자. 단, 그들이 가진 분석 기술만큼 비즈니스에 대한 이해도 높은 파트너로 말이다.

빅데이터를 활용한 기업의 가치와 미래에 대비하기를 원한다면 충분한 투자가 있어야 한다. 빅데이터를 통한 기업의 가치 상승은 투자다. 단순히 인력만 투입한다고 기업 가치가 상승한다면 정체를 겪는 회사는 없을 것이다. 미국의 전기 자동차 회사 테슬라의 자산가치가 GM을 넘었다는 보도(2017년 4월)가 있었다. GM보다 자동차를 많이 팔지 못하는 테슬라가 어떻게 GM보다 자산 가치가 높은 것일까? 구글은 왜 그토록 빅데이터에 많은 투자를 하는 것일까? 미래는 언제나 준비된 자에게 기회를 준다.

4부

진화 II

9장

데이터는 미래를 비추는 거울

지료논래(知料論來)

데이터를 알고 미래를 논하라

데이터는
미래를 비추는 거울

예측은 진짜 가능한가

'역사를 잊은 민족에게 미래는 없다.' 단재 신채호 선생(1880~1936)이 『조선상고사』에서 남긴 명언이다. 영국의 수상 윈스턴 처칠(Winston Churchill, 1874~1965)도 비슷한 이야기를 했다.

필자는 역사의 중요성을 강조한 이 명언을 개인적으로 무척 좋아한다. 역사에 관심이 많기도 하고 데이터를 다루는 사람으로서 과거 데이터의 흐름은 장·단기적인 예측이 가능하다는 점에서도 충분히 공감이 가기 때문이다. 데이터 분석의 세계에서도 과거를 알면 미래를 내다볼 수 있다. 그리고 미래를 알면 작게는 나와 기업을, 넓게는 세상을 변화시킬 수 있다. 물론 과거 데이터를 통해서만 데이터 분석을 통한 예측이 가능한 것은 아니다.

그런데 데이터 분석을 통한 예측 과연 가능할까? 일단 대답은 'YES'다. 예측 기법에 대한 연구는 다양한 분야에서 끊임없이 진행되었고 앞으로도 그럴 것이다. 어쩌면 데이터 분석은 수요 예측과 같은 명확한 예측 값만을 요구하는 것이 아닐지도 모른다. 방향성, 대상, 목표, 규모, 전략 수립 등 모든 통찰insight을 원하는 행위가 더 나은 내일을 위한 것이라면 데이터 분석은 예측foresight이 전부라 할 수 있다. 더욱이 하루가 다르게 쌓여가는 데이터를 통해, 요즈음 밸류러시 시기를 보내는 우리에게는 더욱 정교한 예측 값이 기다리고 있지 않을까? 그래서 그리 멀지 않은 미래에 산유국産油國이 아닌 산료국産料國이 세상을 움직이는 동력이 될 것이라 믿는다(실제로 미국의 IT 조사 기관 가트너는 데이터를 21세기의 원유라 정의했다[2]).

▲ 신채호 선생[1]

데이터로 미래를 예측할 때(예측뿐 아니라 모든 데이터 분석을 포괄해)는 두 가지 전제가 명확해야 한다. 첫 번째는 배경에서 설명했듯이 그 대상이 명확해야 한다. 단순히 어떤 데이터를 활용할 것인가의 문제만

---

1 위키피디아 commons.wikimedia.org/wiki/File:%EB%8B%A8%EC%9E%AC%EC%8B%A0%EC%B1%84%ED%98%B8.jpg

2 "빅데이터는 21세기 원유"… SKT, 암호화한 비식별 개인정보로 신용 평가 분석 새 지평 열어 biz.chosun.com/site/data/html_dir/2017/04/12/2017041202317.html

이 아니라 어떤 목적을 위해, 도출된 결과를 어떻게 활용한다는 것까지 고민해야 한다. 그리고 두 번째는 어떤 분석 기법을 활용해 문제를 해결할 것인가를 명확히 하는 것이다.

여러 의견을 듣고 객관적으로 표현하기

최근 빅데이터 관련 여러 서적과 보고서, 컬럼에서는 분석 자체가 미래 예측을 주된 목적으로 언급한다. 필자 역시도 현재의 데이터 분석이 더 나은 내일을 위한 과정이라는 시각에는 동의하지만, '이 기법이 바로 예측 기법이다'라고 명확하게 선을 긋기에는 애매한 점이 있다. 지금부터는 오랜 기간 동안 '예측'이라 하면 빠지지 않는 회귀분석에 대해 다시금 이야기할까 한다. 그에 앞서 정량적定量的, quantitative 기법과 정성적 기법定性的, qualitative이란 용어부터 알아보자.

필자는 아주 가끔 정량적 기법과 정성적 기법에 대한 질문을 받는다. 의미 그대로 두 기법은 수를 기반으로 하느냐 성질을 기반으로 하느냐의 차이가 있다.

한 TV 프로그램에서 '연봉과 직장인의 삶'이란 주제로 서로 다른 분야의 전문가 2명이 강연을 진행한다고 가정하자. 첫 번째 강연자는 경영심리학 전문가로 여러 문헌을 연구한 결과 '연봉이 오르면 삶의 만족도가 높아진다'라고 이야기한다. 경영공학 전문가인 두 번째 강연자도 '연봉이 5% 증가하면 삶의 만족도가 20% 높아진다' 말한다. 두 사람 모두 '연봉은 삶의 만족도를 높인다'는 결론을 공통으로 이야기한다. 그러나 전자는 전문가 소견이라는 주관적인 본인의 관점으로 이야기한 정성적인 평가이고, 후자는 구체적인 수치, 즉 강연자가 생각한 의견이나 주장이 아닌 객관적인 자료를 바탕으로 정량적 평가를 했다. 다시 정리하면 정성은 상태 표현, 정량은 수치 표현이다. 정량과 정성은 분석 자료와 과정이 주관적인지 객관적인지에 따라 구분되는 것이다.

하지만 이 책에서는 정량과 정성을 굳이 구분하지 않겠다. 정성적으로 조사된 결과(주관적인 자료)라 할지라도 조사된 상태 그대로를 이해 당사자에게 제공하지는 않기 때문이다. 그러나 분명히 데이터 분석 기법, 특히 예측 기법에서는 정성적 기법과 정량적 기법을 구분하며 관련 문헌도 여럿이다. 이러한 개념 차이와 방법을 거부하고 무시하려는 것은 아니다. 다만 정량과 정성의 구분과 차이에 너무 얽매이지 말자는 의미다.

흔히 정성적 기법이라고 하는 델파이 기법delphi(쉽게 전문가 의견이라 생각하자)이나 시장조사에도 숫자를 헤아리거나 비율을 계산한 수치 평가는 반영되지 않는가. 그래서 조사는 정성적으로 하되 결과는 정량적으로 처리하는 것이 현명하다고 필자는 생각한다. 단, 분석 자료와 과정이 주관적인지 객관적인지란 관점으로 접근한다면 정량과 정성은 확실히 구분해야 한다.

굳이 구분하지 않을 거면서 정량과 정성 이야기를 꺼낸 것은 예측 기법에는 여러 학자가 구분해 놓은 정성적 기법이 엄연히 있기 때문이다. 이 책에서 정량과 정성을 구분하지 않는다고 독자에게 아예 언급조차 하지 않을 수는 없어서 간단히 설명했다.

정성적 예측 기법에는 전문가의 의견을 수렴하는 델파이 기법과 각계각층의 이해관계자로부터 공개적으로 의견을 수렴하는 패널 조사법panel analysis, 직접 시장 상황을 파악하는 시장 조사법market research 등이 있다. 가끔 뉴스 등에서 전문가 의견을 듣고 향후 전망을 이야기하는 게 바로 정성적 예측 기법이다.

정성적 예측은 전략을 세우거나 장기적 관점에서 발전 방향을 수립할 때 많이 활용한다. 신문이나 관련 서적 등으로 동향을 파악하고 전략을 세우는 과정 역시 정성적이라 볼 수 있다. 하지만 정성적 예측은 정량적 분석보다 상대적으로 시간과 비용이 많이 든다는 단점이 있다. 따라서 여기서는 정성적 예측보다 정량적 예측 기법을 조금 더 구체적으로 살펴본다.

본격적으로 예측 기법에는 무엇이 있는지 살펴보자. 주관적인 자료보다는 주로 객관적인 자료를 바탕으로 한 예측 기법을 알아보겠다.

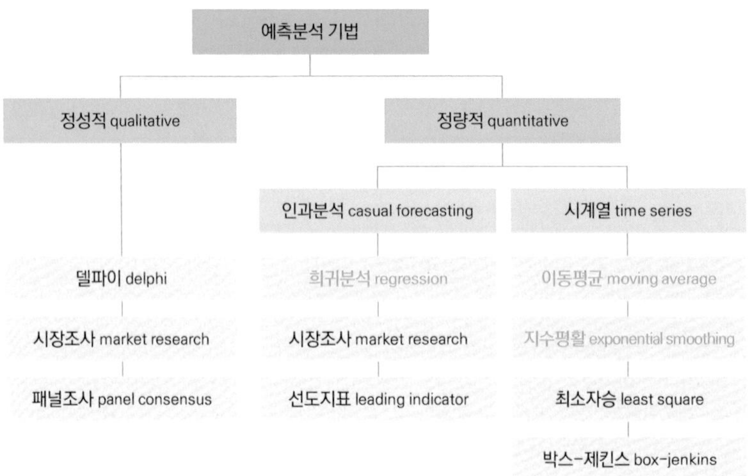

▲ 예측 분석 기법의 분류

흘러간 시간도 소중히 하라 - 시계열 분석

시계열時系列, time series을 문자 그대로 풀이하면 시간을 묶어 나열하는 것을 의미한다. 흐르는 시간을 어떻게 묶는다는 것일까? 흐르는 시간은 잡을 수 없다. 여기서 시간은 이름만 빌려 줬을 뿐 들러리에 불과하다. 그러면 흐르는 시간과 함께 흘러간 데이터는 어떨까? 나는 지난 여름에 네가 한 일을 알고 있는 것처럼 과거 데이터는 충분히 파악할 수 있다. 그런 의미에서 시계열의 의미를 재해석하면 '시간의 흐름에 따라 데이터를 나열한 것'으로 바꿔 말할 수 있다. 좀 더 정확히 말하면 과거 데이터를 일정한 시간으로 구분해 데이터를 분리하고 순차적으로 나열해 놓은 상태를 의미한다.

시계열 분석을 통한 예측은 과거 흐름이 미래 흐름과 크게 다르지 않을 것이라는 전제하고 오롯이 과거 데이터만을 활용한다. 따라서 자료를 수집하거나 조사하는 시간이 다른 예측 기법보다 상대적으로 적다. 또한 복잡한 분석 기법이 아니어도 충분히 예측할 수 있다.

시계열 분석의 핵심은 시간을 어떤 수준으로 연결해 묶을 것인지의 판단이다. 이것은 과거의 흐름을 패턴화하는 작업이다. 일정한 간격으로 나뉜 시계열 데이터는 몇 가지 특성화된 패턴을 가지고 있다. 이를 파악해 보기 위해 전박봉 과장의 사례를 들어 알아보자.

전 과장은 부장으로부터 매년 이맘때면 하던 내년도 매출액을 예측하라는 지시를 받고, 다음과 같이 3년간의 매출 데이터를 확인했다.

전 과장은 예측에 앞서 지난 3년간의 매출 흐름을 네 가지 항목에 맞추어 1차 보고서를 작성했다. 첫째, 매출 경향은 3년간 누적된 매출액 데이터로 보면 전반적으로 증가 추세다. 둘째, 매년 매출이 하반기

구분	1월	2월	3월	4월	5월	6월	7월	8월	9월	10월	11월	12월
1년차	76,114	44,177	45,287	47,708	47,624	23,698	51,440	69,246	58,182	72,907	62,833	56,063
2년차	84,869	90,831	385,810	84,097	89,953	100,399	110,629	120,752	114,344	116,727	110,920	104,538
3년차	167,523	132,151	127,530	138,730	132,506	130,121	97,825	118,945	146,919	231,355	332,559	384,799

(단위: 만 원)

▲ 3년간 매출액

로 갈수록 높아지는 순환적인 특징을 보였다. 셋째, 이러한 순환 현상을 볼 때 당사 매출은 계절로는 겨울이 시작되는 시점에 늘어난다. 마지막으로, 2년차 3월은 우연히 매출이 평월보다 높았다고 파악했다.

가장 보편적인 시계열 예측 기법으로는 이동평균법과 지수평활법이 있다. 이밖에도 회귀분석과 유사한 추세분석법, 앞서 소개된 네 가지 특성(경향, 순환, 계절, 우연)에 따라 시계열 데이터를 분해해서 세밀하게 관찰하는 시계열분해법이 있다.

이동평균법은 가장 구현이 쉽고 보편적으로 누구나 이용할 수 있다. 이 시계열 예측 기법은 앞서 설명한 네 가지 특성의 변화가 적어 과거 데이터의 변화폭이 적고 일정하게 유지될 때 사용하면 유리하다. 시계열 데이터를 일정 구간으로 나누어 정리하고 각 구간의 평균을 구해 다음 차수의 예측치를 구한다. 따라서 단기 예측에 많이 활용한다. 예를 들어, 전 과장의 매출 데이터를 기준으로 4년차의 1월 매

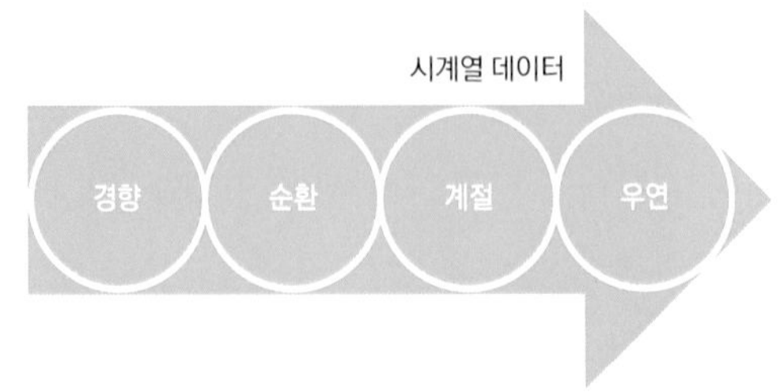

▲ 시계열 데이터의 네 가지 특성

출을 예상한다면 다음과 같다.

먼저 시계열 데이터의 구간을 설정하는데, 여기서는 분기별로 구분한다고 가정하고 3개월간의 매출 데이터를 기준으로 한다. 따라서 3년차의 마지막 3개월 매출이 기준이 되고, 해당 매출의 합을 3으로 나눈 값이 다음 차수, 즉 4년차 1월의 예상 매출액이 된다.

- 4년차 1월 예상 매출액

  (231,355+332,559+384,799)/3 = 316,238(10,000KRW)

이동평균법에는 이처럼 구간 평균으로 다음 차수를 예측하는 단순이동평균과 예측하고자 하는 차수의 바로 직전 데이터가 가장 많은 영향을 준다 가정하고 가중치를 부여해 그 합을 구하는 가중이동평균이 있다.

- 가중이동평균을 사용한 4년차 1월 예상 매출액

  (231,355×02+332,559×0.3+384,799×0.5) = 338,438(10,000KRW)

이동평균법은 손쉽게 예측 가능하나 네 가지 특성을 그다지 고려하지 않기 때문에 전 과장의 매출 데이터처럼 변동이 심하면 적합하지가 않다. 그래서 이동평균법의 예측 정확도를 높이기 위해 시계열분해법을 접목해 사용하는 경우가 많다.

시계열분해법은 시계열 데이터의 네 가지 특성에 따라 시계열 데이터를 분해해 특성별 지수를 산출하고 이를 이동평균법 등에서 산출한 예측치에 대입해 더욱 정교한 값을 구한다. 만약 전 과장의 매출 데이터에서 겨울이 1월 매출이 시작되는 시점보다 대략 80% 정도 수준에 머물렀다면 다음과 같이 예상 매출액을 조정한다.

- 시계열분해법에 따라 계절지수 0.8을 반영한
  4년차 1월예상 매출액
  ((231,355+332,559+384,799)/3)×0.8 = 252,990(10,000KRW)

다음으로 시간 흐름이 미래 예측치에 어떤 영향을 주는지를 파악해 분석하는 추세분석법은 인과분석인 회귀분석과 같다. 두 예측 기법의 차이라면 회귀분석은 특정 요인을 독립변수(영향 요인)로 하고 결과를 예측하지만, 추세분석은 독립변수로 오로지 시간의 흐름을 반영해 결과를 도출한다는 점이다. 즉, 단순 회귀분석을 수행하는 과정과 같으나 독립변수가 시간이 된다. 추세분석법 역시 시계열분해법으로 구한 특성별 지수를 반영해 예측을 더 정교하게 할 수 있다.

마지막으로 지수평활법은 가중이동평균과 비슷하게 가중치를 부여해 미래를 예측하는 기법이다. 이동평균법과 마찬가지로 단기 예측에 유리하며 네 가지 특성의 변화가 적을 때 이용할 수 있다. 지수평활법은 가중이동평균법에서 최근 데이터가 가장 많은 영향을 줄 것으로 판단하는 것처럼 평활상수라는 값을 구한다. 평활상수를 구할 때는 예측치와 실측치의 오차를 이용한 방법을 가장 많이 사용한다.

여기까지 시계열 분석을 알아봤다. 중요한 것은 시간에 따라 누적된 과거 데이터를 활용해 미래를 예측하는 기법에 어떤 것이 있는지를 알고 예측이 가능함을 인지하는 것이다.

10장

분류도 예측이 되나요

군집(clustering)이 아니다
분류(classification)다
정해진 깃발 아래 데이터를 분배하라

분류도 예측이 되나요

다시 한번 회귀분석

이 책에서 회귀분석 이야기를 반복하는 것은 그만큼 데이터 분석에서 회귀분석이 중요하기 때문이다. 앞에서 여러 번 나온 회귀분석이 무엇인지 다시 물을 독자는 없으리라 믿는다. 기억나지 않는다면 잠시 4장을 읽고 오자.

앞서 회귀분석의 유래와 분석 기법만 설명하고 구체적인 작동 원리는 소개하지 않았다. 그래서 이 장에서는 회귀분석의 구분과 원리를 알아본다.

회귀분석은 인과관계를 파악해 연속형 변수 간의 적합도를 함수식으로 구하는 대표적인 예측 기법이다. 회귀분석은 상관관계는 기본이고 영향을 주는 독립변수와 영향을 받는 종속변수가 반드시 있어야 한다. 다시 말해 회귀분석은 독립변수가 변함에 따라 종속변수가 어떤 변화를 보이는지를 설명하는 모형이다. 종속변수를 결과로 본다면 결과에 영향을 주는 요인인 독립변수의 개수에 따라 단순회귀분석simple regression analysis과 다중회귀분석multiple regression analysis으로 구분한다.

단순회귀분석은 결과인 종속변수에 영향을 주는 요인인 독립변수가 하나만 있다. 결과를 Y로, 요인을 X로 가정하고 유의수준 내에서 변화를 일으킬 수 있는 X를 반영한 함수식을 찾는 것이 주된 목적이다. 이를 아주 간단한 수식으로 나타내면 다음과 같다.

- 수식 1: Y = F(X)

다중회귀분석은 다음 수식과 같이 Y에 영향을 주는 X(독립변수)가 2개 이상이다.

- 수식 2: Y = F(X1, X2)

지금부터는 단순 및 다중회귀분석의 기본 공식을 알아볼 것이다. 공식이란 말에 책을 덮고 싶겠지만 매우 간단하니 걱정하지 말자. 함수인 F()에 무엇이 대입되는지를 보면 된다.

전박봉 과장에게 데이터 분석 관련 발표 요청이 왔다. 고민 끝에 회귀분석의 기본 개념을 발표하기로 하고 발표 자료를 정리했다.

"첫 번째 표를 보면 X 값이 1씩 증가함에 따라 Y 값도 1씩 증가함을 알 수 있습니다. 그렇다면 X가 9와 10일 때 Y의 값도 9와 10이 됨을 예측할 수 있습니다."

X	1	2	3	4	5	6	7	8	9	10
Y	1	2	3	4	5	6	7	8	?	?

▲ X와 Y의 관계 1

X	1	2	3	4	5	6	7	8	9	10
Y	0.5	1.0	1.5	2.0	2.5	3.0	3.5	4.0	?	?

▲ X와 Y의 관계 2

"계속해서 두 번째 표를 보죠. 앞의 표처럼 X 값을 보면 Y 값도 충분히 예측할 수 있습니다. X가 9면 Y가 4.5, 10이면 5가 될 것입니다. 두 표를 그래프로 그려보면 다음과 같습니다."

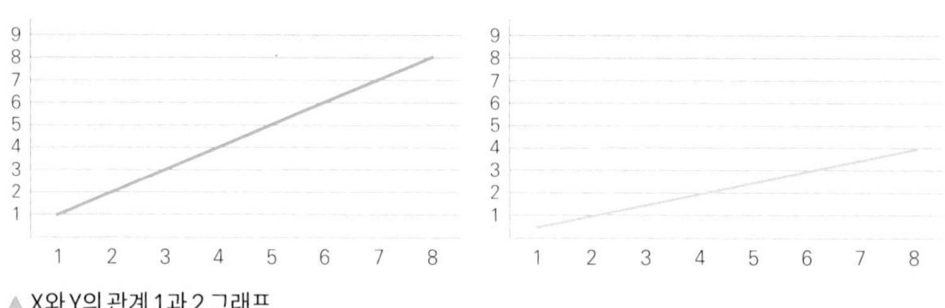

▲ X와 Y의 관계 1과 2 그래프

"그래프에서 가로를 X 값, 세로를 Y 값으로 놓고 보면 두 그래프 모두 일정하게 상승하는 것을 알 수 있습니다. 단지 기울기만 다릅니다. 첫 번째 표는 기울기가 1, 두 번째 표는 기울기가 0.5입니다. 기울기를 나타내는 기호를 b라고 하면 X의 변화에 따른 Y 값을 예측하는 함수식은 수식 3과 같습니다."

- 수식 3: $Y = bX$

"수식 3을 활용해 첫 번째 표의 X가 9이고, 두 번째 표의 X가 10일 때의 Y 값을 각각 구하면다음과 같습니다."

- 표 X와 Y의 관계 1의 X가 9일 때 Y = 1×9 = 9
- 표 X와 Y의 관계 2의 X가 10일 때 Y = 0.5×10 = 5

"기울기를 통해 X 값이 무엇이든 Y 값을 예측할 수 있음을 확인하였습니다. 기울기는 양의 상관만이 아니라 음의 상관관계에서도 적용됩니다. 다음으로 고민할 문제는 '기울기를 나타낸 선의 출발점을 Y 값이 얼마부터 시작할 것인가'입니다. 앞의 예시에서 X가 0이면 Y의 시작점 역시 0입니다. 하지만 세상의 모든 데이터가 X가 0일 때 Y 값이 반드시 0인 것은 아닙니다. 예를 들어, 소득과 지출의 관계를 분석한다고 가정해 보겠습니다. 어떤 이는 소득이 없으면 지출이 아예 없을 수도 있지만, 때로는 소득이 없어도 지출이 있을 수 있습니다. 소득이 0일 때 지출이 100이라면 이 사람의 소득은 1이 될 때 지출은 100일 수도, 그보다 크거나 작을 수 있습니다. 즉, X가 0일 때 그 출발점이 100이 되는 것입니다. 계속해서 다음 표와 그래프를 보겠습니다."

X	0	1	2	3	4	5	6	7	8	9	10
Y	5.0	5.5	6.0	6.5	7.0	7.5	8.0	8.5	9.0	?	?

▲ X와 Y의 관계 3

"표 X와 Y의 관계 3에서는 기울기를 나타내는 직선이 X축과 만나는 지점인 Y축의 출발점은 5이며, 이 값을 Y절편이라고 합니다. 기울기와 마찬가지로 절편을 a라는 기호를 사용해 표현한다면 이 표의 a

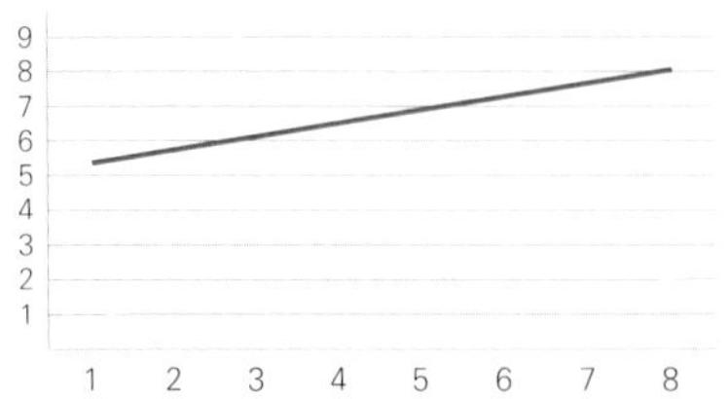

▲ 표 X와 Y의 관계 3 그래프

는 5가 됩니다. 이를 기준으로 X의 변화에 따른 Y 값을 확인하는 이 표의 함수식은 수식 4와 같습니다."

- 수식 4: Y = a + bX

"수식 4에 따라 세 번째 표의 X가 9와 10일 때의 Y 값을 구하면 다음과 같습니다.'

- 표 X와 Y의 관계 3의 X가 9일 때 Y = 5 + (0.5 X 9) = 9.5
- 표 X와 Y의 관계 3의 X가 10 일 때 Y = 5 + (0.5 X 10) = 10

"여기까지가 회귀분석의 가장 기본 흐름을 표현한 수식의 전부입니다. 감사합니다."

이처럼 데이터 분포를 직선으로 연결하고 이를 추정해 구한 절편 a와 기울기 b를 회귀계수라 부른다. 데이터의 상관관계를 선으로 연결해 함수식을 추정하는 회귀분석은 선형회귀분석linear regression analysis이라 한다. 선형회귀분석도 독립변수의 개수에 따라 하나면 단순선형회귀분석simple linear regression analysis, 2개 이상이면 다중선형회귀분석multiple linear regression analysis이라 한다. 어떤가? 회귀분석의 원리를 조금은 이해했는가?

시간과 공간의 가치창출 - 로지스틱 회귀분석

로지스틱 회귀분석은 회귀모델 중에서도 많은 분야에서 활용되는 이진 확률모델이다. 전형적인 범주형 모델로(범주에 대해서는 뒤에서 소개한다.) 결과의 가능성을 진단해 예측하는 대표적인 데이터 분석 기법이다.

이 모델은 영국의 저명한 통계학자 데이비드 콕스(David Roxbee Cox, 1924~)가 소개하고 제안했다. 콕스는 케임브리지 대학교Cambridge University에서 수학을 공부하고 리즈 대학교University of Leeds에서 박사 학위를 받았다. 그는 학문에 이룬 업적을 인정받아 영국 여왕에게서 기사 작위를 받았다는 점에서 그의 학문적 깊이를 짐작할 수 있다.

▲ 데이비드 콕스[3]

그러나 로지스틱 회귀분석이 콕스에 의해 유명해진 것은 사실이나, 이 기법을 그가 처음 고안했는지에 대한 기록은 찾기 어렵다. 일부 자료에 그가 소개하기 훨씬 이전부터 유사한 분석이 수행됐다는 기록이 있다. 1700년대 영국의 통계학자 토머스 로버트 맬서스(Thomas Robert Malthus, 1739~1834)가 식량 공급과 인구 증가 관계를 분석하며 유사한 기법을 활용했으며, 벨기

---

3 위키피디아 commons.wikimedia.org/wiki/File:Nci-vol-8182-300_david_cox.jpg

에의 천문학자이자 통계학자인 랑베르 아돌프 자크 케틀레(Lambert Adolphe Jacques Quetelet, 1796~1874) 역시 '인간의 변이'라는 이론을 전개하며 로지스틱 회귀분석 기법과 유사한 방식을 사용했다는 기록이 있다. 이후 1920년대부터 로지스틱의 기본 개념이 포함된 여러 기법이 활발하게 연구됐다. 여러 로지스틱 관련 연구 수식을 처음으로 일반화하고 정리한 학자가 콕스다.[4]

왜 로지스틱이란 이름을 붙였을까? 필자가 나름 생각한 이유는 이렇다. 로지스틱logistic은 물류를 의미한다. 물류物流는 한자 그대로 물건의 흐름이다. 데이터 분석에서 물건은 데이터이므로 물류는 데이터의 흐름이라고 생각할 수 있다. 필자에게 물류라고 하면 가장 먼저 떠오르는 단어는 창고다. 물류창고에 가본 사람은 알 것이다. 그곳에는 특정한 기준에 따라 여러 물건을 분류해 저장한다. 즉, 로지스틱 회귀분석은 회귀분석을 통해 데이터를 분류하는 분석 기법이라 할 수 있다.

창고에 물건을 쌓아 둘 때는 새로운 물건을 확인하고 이미 정해진 기준과 유사한 속성에 따라 분류해 배치한다. 이 작업은 분류의 개념이다. 선반에는 이미 분류별로 라벨이 붙여있다.(분류와 군집의 차이는 Part 3 진화1에서 설명했다). 이 라벨을 범주category라고 부른다. 예를 들어, 남자와 여자, 아이와 성인, 동물과 식물, 육식과 초식 등 기준에 따라 분리하는 분류 또는 범위를 의미한다.

정리하면, 로지스틱 회귀분석은 회귀분석을 수행한 결과를 기준에 따라 분류해 범주에 포함한다. 회귀분석에서 결과는 곧 영향을 받는 종속변수다. 따라서 로지스틱 회귀분석의 결과, 즉 종속변수는 범주

4 네덜란드의 경제학자 마스 크래머(Jan Salomon (Mars) Cramer: 1928 ~ 2014)가 정리한 「The origins of Logistic Regression」에는 로지스틱 회귀분석의 역사가 자세히 정리돼 있다.

형이라는 결론에 도달할 수 있다. 범주에 넣으려면 데이터를 기준에 따라 분류해야 하는데, 이 기준을 데이터 분석에서는 척도尺度, scale라고 한다. 데이터를 분류하기 위한 기준인 척도는 크게 네 가지다.

첫 번째는 명목척도名目尺度, nominal scale다. 의미 그대로 명목상 이름이 되는 것이다. 가장 대표적인 예가 주민등록번호다. 주민등록번호의 성별 표시번호는 1900~1999년에 태어난 남자는 1, 여자는 2, 2000~2099년에 태어난 남자는 3, 여자는 4를 부여한다. 주민등록번호는 여자와 남자를 대변하는 오로지 분류 목적을 띄고 있다. 따라서 명목척도는 연산이 불가능하다. 남자가 1이므로 1+1을 해서 여자가 2가 되고 3+3을 해서 6이 될 수가 없다. 비교 역시 불가능하다. '2가 1보다 크므로 여자가 남자보다 크다.'라고 정의를 내릴 수 없다. 명목척도는 특성을 반영하는 기호나 숫자에 불과하다.

두 번째는 서열척도序列尺度, ordinal scale다. 서열척도는 특성에 따른 구분뿐만 아니라 순서까지 포함하는 기준을 의미한다. 순서가 포함돼 있어서 범주에 포함된 데이터 간의 상대적 크기를 구분할 수 있다. 가장 대표적인 예는 A, B, C, D로 구분하는 대학의 성적이다. 학교에서 성적에 따라 등수를 부여하는 행위 또한 대표적인 서열척도의 하나다. 서열척도 역시 연산이 불가능하다. 1등을 두 번한다고 해서 1+1=2가 되지 않는다. '1등이 2등보다는 우월하다. 3등은 2등보다 부족하다.' 등의 상대적 비교는 가능하지만 그 안의 상대적 크기를 이야기할 수 없다. 즉 '1등이 2등보다 몇 점을 더 받았다. 3등이 2등보다 몇 점이 모자란다.'와 같은 설명은 서열척도만으로는 설명할 수 없다. 정리하면 서열을 통해 비교는 가능하지만 얼마나 크고 작은지는 값(크기)으로 명시하지 않는다.

세 번째는 등간척도等間尺度, interval scale다. 등간척도는 명목척도와 서열척도의 특성을 모두 가져 서열척도에서 반영하지 못했던 크기도 설명할 수 있다. 대표적인 예로는 시간과 온도 표현이 있다. 영상 20도, 15도, 10도처럼 나타내는 척도가 등간척도다. 상대적 비교뿐 아니라 얼마나 큰지를 설명할 수 있다. 영상 20도는 10도보다 상대적으로 크고 상대적 크기도 10도 더 크다. 크기가 있으므로 연산이 가능하다. 10도는 10도가 더 높아져야 20도가 된다고 설명할 수 있다. 하지만 등간척도는 상대적 비교가 가능하고 크기도 있지만 0의 값을 가지지 않는다. 0도는 영상도 영하도 아니며 간격의 차이가 없음을 의미할 뿐이다.

마지막 네 번째는 비율척도比率尺度, ratio scale다. 네 번째인 만큼 앞의 세 가지 척도 특성을 모두 포함한다. 비율척도는 등간척도와 혼동하기 쉬운데, 비유척도는 등간척도로 나타낼 수 없는 0의 값을 가질 수 있다. 대표적인 비율척도는 성적을 그대로 표기하는 것이다. 100점과 95점, 90점은 연산도 가능하고 상대적 비교와 크기 설명도 가능하다. 또한 0 값도 있다. 성적이 0점이라는 건 그냥 점수가 없다는 뜻이다.

데이터가 가질 수 있는 범주의 기준은 이처럼 크게 네 가지다. 로지스틱 회귀분석에서 취하는 범주형 종속변수의 대표적인 척도는 참과 거짓을 구분하는 이산형(명목척도) 변수다. '연봉이 오르면 소비가 늘

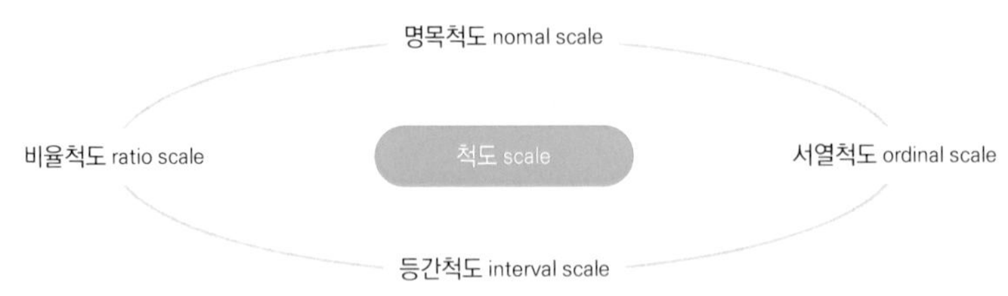

▲ 척도의 종류

어난다 또는 늘지 않는다', '발견된 종양은 양성이다 또는 음성이다' 처럼 이분법적으로 구분해 예측하는 기법이다. 이 분석은 일반적인 선형회귀분석에서 출발한다.

예를 들어보자. 새로 발견된 종양의 크기로 양성인지 음성인지를 판별하고자 한다. 선형회귀분석으로 구하는 종속변수 Y 값을 확률값으로 바꾸고(이 과정이 로지스틱 회귀분석의 핵심) 임의로 설정한 기준 값(임계치), 예를 들어 0.5라고 가정했을 때 Y의 확률값이 0.5보다 크면 양성종양, 0.5보다 작으면 음성종양으로 구분하는 것이다. 이쯤에서 이런 의문점이 생길 수 있다. 선형회귀분석으로도 충분히 양성과 음성을 판별할 수 있지 않을까? 가능하다. 다음 그래프를 보자.

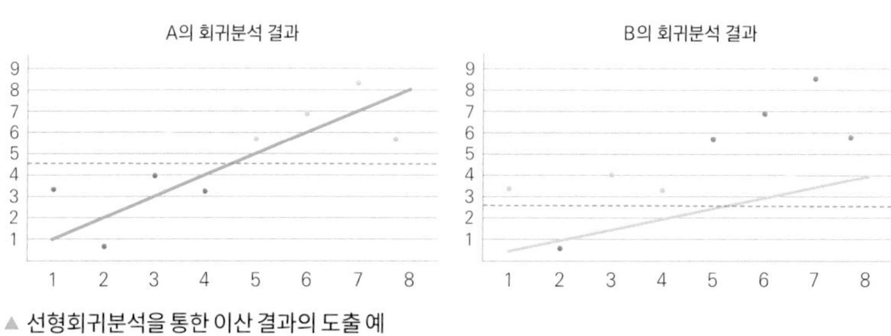

▲ 선형회귀분석을 통한 이산 결과의 도출 예

이 그래프와 같이 A와 B는 표본을 달리해 선형회귀분석을 수행하고 Y 값을 예측했다고 가정하자. 결과의 중간 값을 임계치로 해 양성인지 음성인지를 판단할 때 A와 B의 선형회귀분석 결과가 확연하게 차이가 나는 것을 그래프에서 확인할 수 있다. A의 결과로 보면 양성인 종양은 4개지만, B의 결과를 보면 무려 7개가 양성이다. 매우 극단적인 사례이기는 하나 선형회귀분석을 수행한 결과는 이와 같이 도출될 가능성이 충분히 있다. 따라서 Y 값을 확률값으로 변환하고 0과 1

의 범주에 포함되는 값을 도출해 판단하는 로지스틱 회귀분석을 이용하는 것이다.

로지스틱 회귀분석은 일반적인 선형회귀분석과 어떤 차이가 있을까? 선형회귀분석은 종속변수인 Y가 연속적으로 발생하는 값이므로 정규분포를 가정할 수 있지만, 두 개 항의 값을 취하는 로지스틱 회귀분석은 정규분포를 가정할 수 없다.

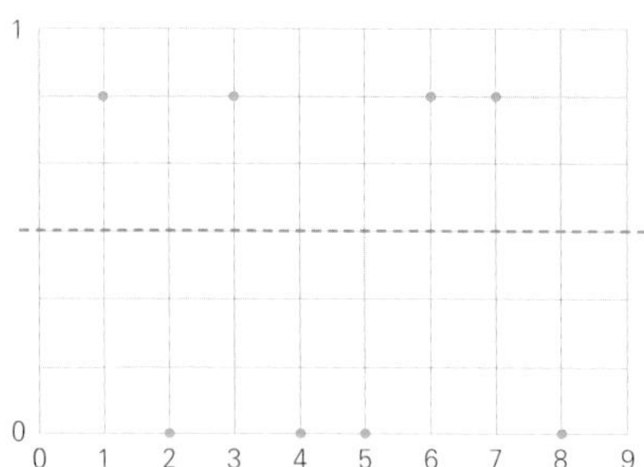

▲ 로지스틱 회귀분석의 그래프 예

Table 4. Results of univariate logistic regression analysis of lifestyle and environmental factors

	OR	95% CI	*p*-value
Air conditioner use > 6 hr	4.89	0.82-29.06	0.080
Presence of insomnia	4.89	0.82-29.06	0.080
Computer use > 4 hr	7.43	1.23-45.00	0.029*
History of ocular surgery	0.38	0.07-2.00	0.251
Gender	0.80	0.16-4.08	0.784

p-values were determined by univariate logistic regression.
OR = odds ratio; CI = confident interval; Air conditioner use > 6 hr = more than 6 hours of air conditioner use a day; Computer use > 4 hr = more than 4 hours of computer use a day.
*Statistically significant ($p < 0.05$).

▲ 로지스틱 회귀분석을 진행한 연구의 예[5]

5 「건성안증후군 환자의 주관적 증상 중증도와 관련있는 객관적 지표들」 서민환, 신주연, 이도형, 김진형 (2017년), 대한안과학회지, 제57권

이산확률분포

로지스틱 회귀분석은 이산적인 값을 취하므로 분석 결과는 연속확률분포인 정규분포를 따르지 않는다. 이러한 이산적인 값을 가지는 분포를 이산확률분포라 한다. 이번에는 대표적인 이산확률분포인 베르누이 분포Bernoulli distribution와 푸아송 분포Poisson distribution를 살펴본다.

베르누이 분포는 네덜란드 출신의 스위스 수학자이자 물리학자인 다니엘 베르누이(Daniel Bernoulli, 1700~1782)가 고안했다.

그의 집안은 아버지, 형, 동생 할 것 없이 모두 수학자로 명성이 높았다. 그는 수학과 물리학은 물론 역학, 의학, 경제학까지 많은 학문 분야에서 두각을 나타내는 천재성을 소유했다. 그의 업적 중에서도 유체역학과 관련된 베르누이의 정리Bernoulli's principle는 항공 기술[6]은 물론 지금까지도 많은 역학 분야에서 활용하고 있다.

그가 고안한 베르누이 분포는 데이터를 시험하고 관찰한 결과로, 성공과 실패의 두 가지 값(0, 1)만으로 확률분포를 표현하는 대표적인 이항분포다. 이것은 한 번의 시행으로 성공 확률 p 값을 구하는 것이 핵심이다. 그리고 성공 확률 p를 구하면 실패할 확률은 자동으로 1-p가 된다.

로지스틱 회귀분석은 일반적인 이항분포binomial distribution다. 베르누이 분포와 일반적인 이항분포의 차이는 결과의 성공과 실패를 단 한 번의 실험과 관찰에서 얻었는지, 반복된 실험과 관찰에서 얻었는지에

---

6 베르누이 방정식을 통한 비행 기술의 역학은 시간될 때 꼭 관련 서적이나 문헌을 보기 추천한다. 놀랍고도 새롭다. 전문가가 아닌 필자가 봐도 신기하다. 특히 비행기의 부양 원리가 궁금했다면 필히 읽어 보길 바란다.

▲ 다니엘 베르누이[7]

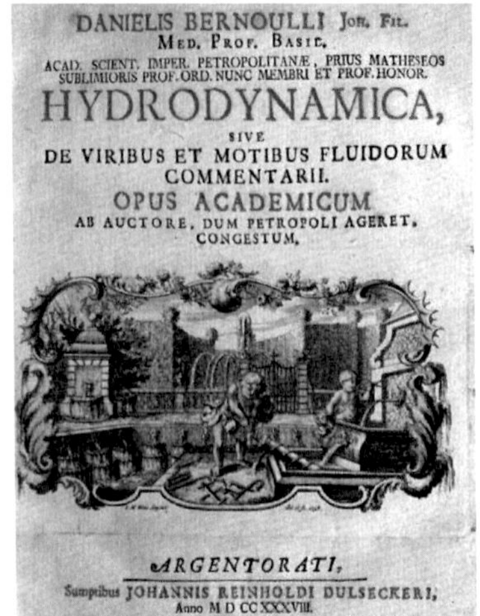

▲ 유체역학 표지[8]

있다. 흔한 예로, 축구경기 시작 전 진영을 선택하기 위한 심판의 동전 던지기는 전형적인 베르누이 분포다. 그래서 단 한 번의 결과를 수용하는 베르누이 분포보다는 반복적으로 수행된 일반적인 이항분포를 더 많이 활용한다.동전을 한 번 던져 앞면이 나올 확률보다 10번을 던져서 앞면이 나올 확률에 더 관심이 많다는 얘기다. 왜 그럴까? 실험횟수에 따른 단순 결과는 이항분포이지만, 결과가 누적돼 수렴되는 값은 정규분포를 따르기 때문이다. 베르누이 분포가 중요한 이유는 이항분포의 기초가 된 이론이기 때문이다. 베르누이 분포의 활용도가 낮다고 중요도가 떨어진다고는 할 순 없다.

---

7 위키피디아 commons.wikimedia.org/wiki/File:ETH-BIB-Bernoulli,_Daniel_(1700-1782)-Portrait-Portr_10971.tif_(cropped).jpg

8 위키피디아 commons.wikimedia.org/wiki/File:HYDRODYNAMICA,_Danielis_Bernoulli.png

그렇다면 모든 실험과 관찰에서 성공과 실패의 값인 이항분포의 결과가 누적되면 반드시 정규분포를 따를까? 이것도 성공과 실패의 이산적 결과로 이야기하면 그럴 수도 있고 아닐 수도 있다. 그러나 앞서 배경을 설명했듯이 실험횟수가 많으면 대체로 정규분포를 따른다. 하지만 그중에서 정규분포를 따르지 않는 이산확률은 어떻게 설명할까? 그 해답은 푸아송 분포Poisson distribution에 있다.

푸아송 분포를 이야기하기에 앞서 '왜 실험 결과가 많은데, 그 값이 모이면 평균에 가까워 지지 않지?'라는 의문이 들 수 있다. 동전을 수없이 많이 던져 앞면이 나올 확률은 평균적으로 계산될까? 아닌 경우도 있을까?

프랑스 파리 대학교Université de Paris의 수학과 교수 시메옹 드니 푸아송(Siméon Denis Poisson, 1781~1840)은 사회 전반에 걸친 사건과 상황을 수학적으로 해결하는 이론의 대가다. 이런 유명세 때문인지 프랑스 대법원에서 푸아송에게 다음과 같은 부탁을 했다.

"푸아송 교수님, 프랑스는 시민의식이 높아서 극악한 범죄가 많이 발생하지 않습니다. 참 다행입니다. 이러한 분위기를 꾸준히 유지하고 범죄를 예방하는 차원에서 프랑스에서 극악 범죄가 일어날 확률이 얼마나 되는지 설명해

▲ 시메옹 드니 푸아송[9]

9 위키피디아 commons.wikimedia.org/wiki/File:Simeon_Poisson.jpg

주실 수 있을까요?"

그렇지 않아도 1급 범죄의 발생률에 대해 관심이 많던 푸아송은 이를 흔쾌히 수락하고 연구를 진행한다. 하지만 그의 관심과 고민에 비해 마땅한 수학 공식이 떠오르지 않았다. 또한 그 당시 푸아송은 소싯적 헤어진 연인에게서 편지를 받고 심적으로 안정적이지 못한 상태였다.

"어째서 그녀가 내게 30여 년 만에 편지를 보냈을까? 그녀는 잘 살고 있을까?"

푸아송은 그녀의 편지를 들고 한참을 거닐었고 가끔씩 하늘을 보며 한숨을 내쉬었다. 법원이 정한 마감 날짜가 다가올수록 푸아송의 머릿속은 그녀의 생각으로 가득 찼고, 문제의 실마리는 풀릴 기미가 보이지 않았다. 그렇게 하루하루를 허송으로 보내던 어느 날 푸아송은 나무 그늘 아래 앉아 차를 마시고 있었다.

"그녀가 내게 30년 만에 편지를 보냈어. 내가 죽기 전에 또 편지를 받을 수 있을까? 그녀가 편지를 다시 보낼 확률이 얼마나 될까? 30년 뒤에 다시 편지를 받는다면 내 나이가 80살 정도겠군. 30년, 20년 아니 10년 만에 편지를 보낼지도 몰라. 어쩌면 더 오랜 시간이 흐른 뒤에 보낼지도. 그녀는 나에게 언제쯤 편지를 보낼까?'

푸아송은 그녀가 다시 편지를 보낼 확률을 계산하기로 결심했다. 그 순간 법원에서 요청한 극악 범죄의 확률 역시 비슷한 관점으로 접근할 수 있음을 깨달았다.

"그래 맞아. 극악 범죄는 100년에 1번 꼴로 발생했지. 그러면 편지를 다시 보낼 확률과 프랑스에서 극악 범죄가 발생할 확률은 비슷한 방법으로 계산할 수 있을 거야."

이 이야기는 푸아송 분포가 나오게 된 배경을 필자가 각색한 것이다. 여기서 말하고자 하는 것은 바로 앞서 계속 이야기한 실험이나 관찰 횟수의 시간 간격이다. 옛 연인에게서 온 편지는 30년 만에 한 번이고 프랑스의 극악 범죄는 100년에 한 번이다. 이를 실험에 빗대자면 30년과 100년을 기다려야 두 번째 실험이 가능하다. 긴 시간을 기다린다면 실험 횟수는 꾸준히 증가하겠지만, 실험 횟수로 정규분포를 충족하기에는 시간이 너무 오래 걸린다. 그러므로 딱히 정규분포를 따른다고 이야기하기도 그렇다. 그래서 푸아송 분포가 필요하다. 푸아송 분포는 시간이 충분히 흘러 그 시행 횟수가 충분하다고 가정한다.

푸아송 분포의 핵심은 사건이 발생한 시간 간격(λ, 람다)으로, 일정한 간격으로 발생하는 사건의 확률을 구한다. 예를 들면 4년마다 열리는 월드컵에서 한국이 2골을 기록할 확률 등이다. 이 확률이 0.25면 그 반대인 0.75는 2골을 기록하지 못할 확률이 된다. 푸아송분포는 시행횟수가 충분히 많아도 그 확률이 매우 낮을 때 이용한다.

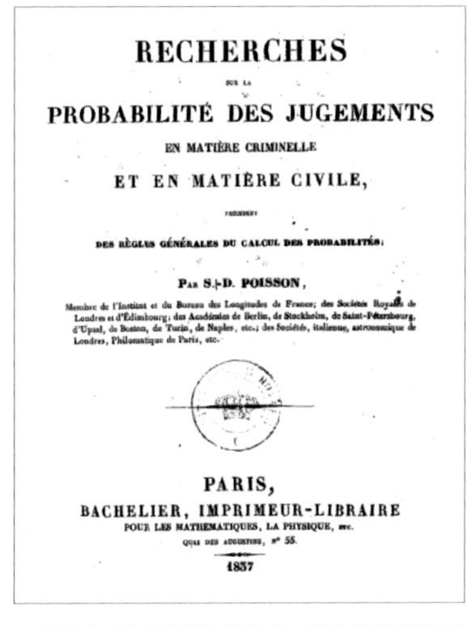
RECHERCHES

SUR LA

PROBABILITÉ DES JUGEMENTS

EN MATIÈRE CRIMINELLE

ET EN MATIÈRE CIVILE,

DES RÈGLES GÉNÉRALES DU CALCUL DES PROBABILITÉS;

PAR S.-D. POISSON,

Membre de l'Institut et du Bureau des Longitudes de France; des Sociétés Royales de Londres et d'Édimbourg; des Académies de Berlin, de Stockholm, de Saint-Pétersbourg, d'Upsal, de Boston, de Turin, de Naples, etc.; des Sociétés, italienne, astronomique de Londres, Philomatique de Paris, etc.

PARIS,

BACHELIER, IMPRIMEUR-LIBRAIRE

POUR LES MATHEMATIQUES, LA PHYSIQUE, etc.

QUAI DES AUGUSTINS, n° 55.

1837

▲ 푸아송 분포가 발표된 논문-재판 관련 확률과 일반적인 확률의 계산 법칙이 포함돼 있다[10]

10 위키피디아 gallica.bnf.fr/ark:/12148/bpt6k110193z.image

Q5 데이터 분석의 목적은 무엇인가요?

A 요즘의 흐름을 볼 때 데이터 분석의 가장 큰 목적은 예측이 아닐까 생각한다. 최근 데이터 분석에서 가장 많은 관심을 받고 있는 분야는 누가 뭐래도 인공지능이다. 인공지능을 간단하게 표현하면 스스로 판단하고 결정해서 행동하는 것을 의미한다. 이미 내가 할 일을 알고 행동한다는 것은 선행 예측이 이루어진다는 것이다. 그러므로 '데이터 분석의 최종 목적은 예측에 있다'고도 볼 수 있다. 하물며 우리가 점을 보는 것은 미래를 보기 위함이지 내 삶을 돌아보고자 하는 건 아니지 않은가.

그런데 최종 목표가 예측이라 하더라도 그 과정은 몇 개의 축으로 구분된다. 그래서 필자가 생각하는 데이터 분석의 목적은 예측을 포함해 크게 네 가지다.

첫 번째는 군집clustering이다. 이것은 데이터 분석의 가장 기본이다. 데이터는 그들만의 속성이 있다. 군집은 이러한 속성을 비교해 유사한 속성으로 묶어주는 행위를 의미한다.

두 번째는 분류classification다. 군집과 분류는 유사한 것 같지만 명확하게 다른 작업이다(Part 3 진화 I 참고). 분류는 데이터의 관계를 파악해 이미 정해진 범주로 배정하는 작업이다. 필자가 군집과 분류를 중요하게 생각하는 이유는 실무에서 공략 대상, 즉 분석 대상을 명확히 하는 데 군집과 분류가 매우 유용하기 때문이다.

세 번째는 규칙patten을 찾는 것이다. 규칙이란 데이터의 속성, 흐름, 배경, 유사성 등 여러 항목의 관계를 파악하는 작업을 의미한다. 규칙을 찾으면 바둑처럼 다음 수가 보인다.

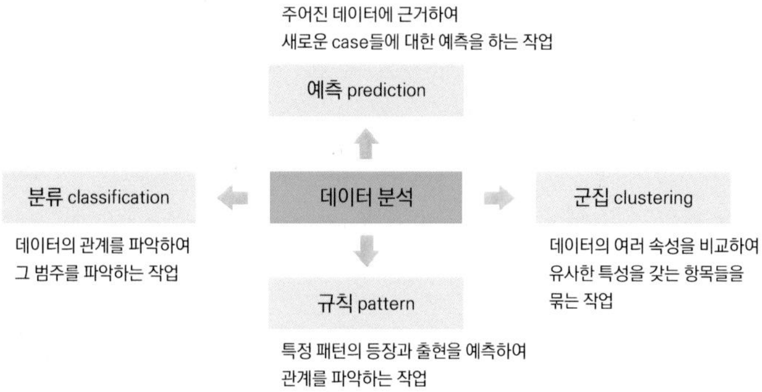

주어진 데이터에 근거하여
새로운 case들에 대한 예측을 하는 작업

예측 prediction

분류 classification

데이터 분석

군집 clustering

데이터의 관계를 파악하여
그 범주를 파악하는 작업

데이터의 여러 속성을 비교하여
유사한 특성을 갖는 항목들을
묶는 작업

규칙 pattern

특정 패턴의 등장과 출현을 예측하여
관계를 파악하는 작업

▲ 데이터 분석의 목적분류

마지막 네 번째는 예상한 대로 예측prediction이다. 앞서 세 가지 목적을 혼합해 새로운 상황을 설계하고 해당 상황에 유연하게 대처할 수 있는 신의 한수를 찾는 일이다.

5부

변이 I

11장

빅데이터에 대한 짧은 이야기

빅데이터는 단순히
데이터의 양만을 의미하지 않는다

빅데이터에 대한 짧은 이야기

빅데이터는 무엇인가

누가 명명했는지 모르지만 이름이 빅데이터이니까 당연히 데이터가 많지 않을까. 그런데 가만히 생각해 보면 데이터는 원래 많았다. 단지 우리가 유심히 살피지 않았고 분석 대상으로 취급하지 않았을 뿐이다.

'SNS[social network service]나 유튜브 등의 발달로 데이터가 하루가 다르게 늘고 있는데 뭔 소리야'라는 사람이 있을 것이다. 그래도 꿋꿋이 난 이렇게 대답한다.

'그래, 인터넷 아니 컴퓨터, 스마트폰 등 IT 기기가 급속히 발전하고 보편화되니까 당연히 데이터도 아주 많이 늘고 있지. 적어도 IT 관련 공간에서는. 하지만 IT가 아니어도 원래 데이터는 많았어.'

여기서 원래 데이터란 현실 세계에 존재하는 모든 것이다. 다만, IT 기기의 보편화로 그동안 돌아보지 않았던 데이터가 분석 대상이 되면서 데이터가 급속히 팽창해 보이는 사실은 부인하지 않겠다.

시장조사기관 가트너는 기존 데이터와 구별하는 빅데이터의 요소를 3V로 설명한다. 3V는 대용량 데이터(volume, 크기)와 이를 빠르게 처리하는 기술(velocity, 속도), 다양한 종류의 데이터(variety, 다양성)를 의미한다. 적어도 이 세 가지 특성이 있어야 빅데이터라고 부를 수 있다. 최근에는 여기에 정확성[Veracity] 또는 가변성[Variability]을 추가해 4V로 설명하기도 한다.

필자는 앞서 정의한 3V에 필자의 의견을 가미해 새롭게 해석해 보았다. 필자에게 빅데이터를 포함한 모든 데이터는 분석 대상이라서 빅데이터에는 분석의 개념이 포함돼야 한다. 그리고 모든 데이터 분석 활동은 가치를 창출해야 한다. 그래서 필자는 빅데이터를 다음 그림처럼 4V-1A로 설명한다.

빅데이터는 빠른 속도로 데이터를 수집하고 발굴해 분석한 후 유용한 가치를 창출하는 다양한 형태의 거대한 정보 집합체를 의미한다.

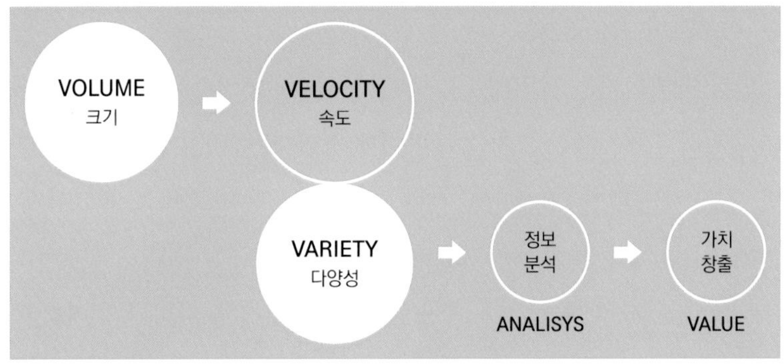

▲ 빅데이터의 개념

그러면 '빅데이터 분석'은 무엇일까? 빅데이터 분석은 모든 유형의 데이터와 적절한 컴퓨터 기술, 그에 맞춤화된 알고리즘과 가치 창출을 위한 유용한 통계적 분석 기법의 결합이다'라고 필자는 생각한다.

▲ 빅데이터 분석

빅데이터를 공략하라

최근 많은 기업이 빅데이터의 필요성에 공감한 것인지, 아니면 흐름에 편승해 구색 맞추기를 하는지 알 수 없지만 빅데이터 관련 직업의 수요가 빠르게 늘고 있다. 그렇다면 성공적으로 빅데이터를 공략하려면 어떤 것이 필요할까?

먼저 빅데이터의 정의대로 다양한 형태로 생산되는 대용량 데이터가 필요하다. 즉, 충분한 자원이 마련돼야 한다. 이것은 단순히 데이터의 확보만을 의미하지 않는다. 데이터 역시 상품으로서 그 품질이 꾸준하게 유지돼야 분석 대상으로서 가치가 있다.

다음으로 자원 관리 기술이 필요하다. 데이터는 어딘가에 저장된다. 즉 다양하고 거대한 데이터를 저장하는 공간과 관리 기술이 필요하다. 데이터의 크기가 방대한 만큼 이를 빠르게 처리하는 장치와 데이터를 추출하고 수집하는 기술도 있어야 한다. 분석된 결과의 가시성을 높이는 시각화 도구visualization tool도 요구된다.

마지막으로 빅데이터를 다룰 인력, 빅데이터 장치를 관리하는 하드웨어와 소프트웨어 기술이 있어야 한다. 데이터 추출 기술은 물론 이를 효과적으로 분석할 데이터 분석 기술자 확보도 요구된다. 데이터 분석 전문가는 경제학, 통계학, 심리학 등 다방면에서 학문적 이해도가 높은 사람일수록 유리하다. 데이터를 비판적으로 바라보고 개선점을 찾는 능력, 스토리텔링과 커뮤니케이션 능력도 필요하다. 이처럼 빅데이터를 관장하는 인력은 슈퍼맨이 아닌 이상 이 모두를 혼자 해낼 수 없다. 그만큼 빅데이터의 영역에서는 다양한 인력이 필요하다.

이 세 가지를 하나로 정리하면, 빅데이터의 성공적인 공략을 위해서는 대용량 데이터를 자원화하고 이를 가공, 분석, 처리하는 기술을 갖춰야 하며 도출된 결과와 의미를 통찰하는 인적 자원도 있어야 한다.

매우 교과서적인 이야기지만 실제로 필자가 현장에서 보고 느낀 것 또한 이와 다르지 않다. 빅데이터 분야는 단순히 분석하는 사람 한 명만으로 공략하기 어렵다.

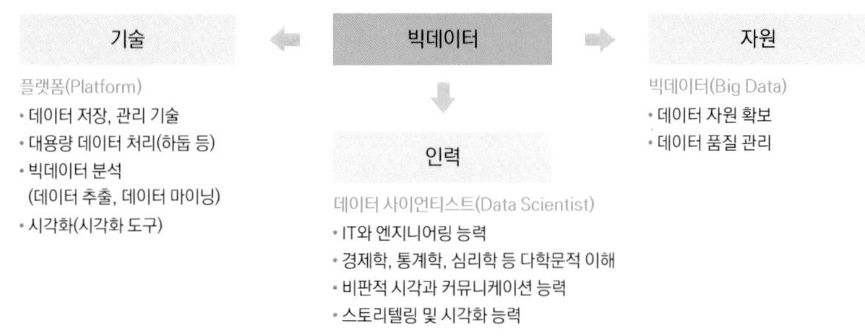

▲ 빅데이터 분야의 요구사항

왜 빅데이터인가

세상은 참으로 빠르게 변화한다. 어제가 다르고 오늘이 다르다. 필자는 빅데이터라는 거대한 태풍이 지나가는 길목에서 간혹 주변인들에게 '태풍이 지나듯 이 또한 지나가지 않을까?' 라는 말을 한다.

이유야 어찌 되었든 우리는 빅데이터 시대를 살고 있다. 그래서 빅데이터가 이토록 큰 이슈가 되고 있는지 나름대로 다음 세 가지로 정리해 보았다.

첫 번째로 혁신innovation이다. 은근히 혁신해야 한다고 부르짖는 조직이 많지만, 의외로 쉽게 이루기 어렵다. 사람 한 명 바꾸고 새로운 인물이 온다고 조직이 쉽게 변하지 않는다. 고된 혁신으로 가는 길에 밑거름이 돼줄 훌륭한 도구가 바로 빅데이터 분석이다. 조직의 행동 패턴, 주변 혹은 시장의 변화와 변동 사항을 알면 바꾸고 도전해야 할 목표를 명확히 설정할 수 있다.

두 번째로 경쟁력이다. 경쟁력은 두 가지 측면에서 접근할 수 있다. 외부 요인과 내부 요인이다. 조직 외부에서 일어나는 일련의 활동과 과정을 충분히 분석하는 것과 내부 빅데이터를 충분히 분석하고 인지하는 것이다. 이 두 분석 결과를 충분히 비교해 비용을 절감하고 우리만의 장점을 차별할 수 있다. 이는 조직의 투명성을 확보하는 데도 매우 효과적이다.

마지막은 생산성이다. 빅데이터 분석은 우리가 가진 능력을 좀 더 효율적으로 분배하고 최대로 이끌어 내게 한다. 어디에서 병목현상이 발생하는지, 어느 부분을 혁신하면 새로운 도전이 가능한지를 분명하게 설명할 수 있다.

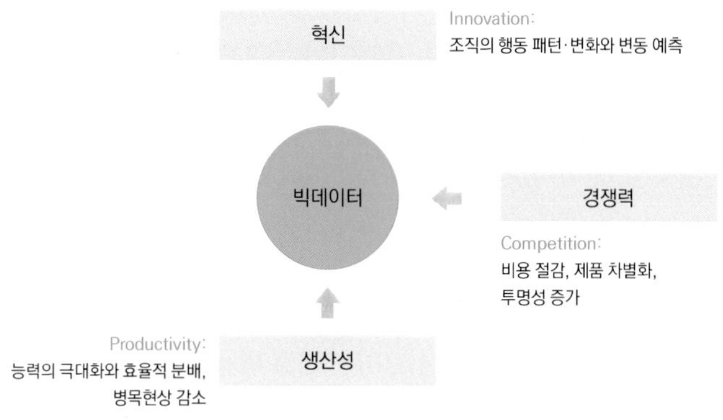

▲ 빅데이터를 통한 가치 창출

고백하자면 앞의 세 가지는 '데이터 분석을 통해 얻을 수 있는 장점'이라며 필자가 늘 강조하는 부분이다. 필자는 빅데이터 역시 분석에 따른 가치가 충분히 창출돼야 의미가 있다고 생각한다.

그다음 생각해 볼 부분은 그중 어디를 집중 공략해야 할 것인가다. 반복적으로 이야기하지만 빅데이터 분석의 핵심은 가치가 있는 데이터를 모으는 것이다. 가치가 있는 데이터가 충분해야 분석을 통한 결과도 신뢰성이 확보된다. 즉, 데이터의 가치에 따라 빅데이터 분석의 성패가 결정된다. 이러한 가치 있는 데이터를 모으는 활동, 그것이 바로 데이터 마이닝data mining이다.

Q6 **통계 분석, 데이터 마이닝, 빅데이터 분석은 서로 어떻게 다른 거죠?**

A 일단 데이터 마이닝을 데이터 분석이라고 해야 하는지 의문이다. 데이터 마이닝은 데이터를 추출, 가공하는 데이터 분석을 위한 전처리 과정으로 분석 대상을 찾는 과정인 반면, 데이터 분석은 분석 대상이 명확하기 때문이다. 어떤 연구나 이론을 바탕으로 하는 이야기가 아닌 필자의 생각이다. 따라서 데이터 마이닝은 차지하고 통계 분석과 빅데이터 분석의 차이점에 대한 필자의 생각을 이야기하겠다.

가장 먼저 분석 대상에 차이가 있다. 단순히 정형과 비정형을 구분하는 문제가 아니다. 현재의 데이터 분석 대상은 규격에 맞춰 정리된 데이터만이 아니다. 이는 곧바로 대상 간의 상관관계나 연관성의 차이로 이어진다. 통계 분석에서는 대상이나 표본 자료 간의 관계가 성립되거나 유사한 대상을 기준으로 하지만, 데이터 분석은 전혀 어울릴 것 같지 않는 대상 간에도 관계를 도출하고 연관성을 찾을 수 있다. 마트에서 맥주의 소비량이 기저귀 소비량과 양의 상관관계가 있는 줄 누가 알았겠는가.

다음으로 복잡성의 차이다. 통계 분석은 정교한 분석 기법을 실행해 그 가치의 정확성을 높이는 데 치중하지만, 빅데이터 분석은 정확성은 물론 다양한 기법을 결합해 전혀 예상치 못한 결과를 도출하는 것에도 큰 의미를 부여한다.

또 하나의 차이는 융합적convergence 성격이다. 빅데이터 분석은 단순히 통계적 분석 기법만을 요구하지 않는다. 다양한 분야의 지식과 컴퓨팅 기술, 여기에 적절한 알고리즘 능력과 인문학적 이해 같은 다양한 학문과 기술을 요구한다.

마지막으로 데이터 분석은 판단 후 의사결정이 이루어지면 곧바로 실행에 옮겨진다는 점이다. 대표적인 게 인공지능이다. 이전의 통계 분석을 중심으로 한 데이터 분석은 분석 결과를 해석하고 도출된 가치를 판단해 의사결정을 수행하는 반면, 빅데이터 시대의 데이터 분석은 분석 자체가 곧 의사결정이 되고 실행된다.

다음의 통계 중심의 데이터 분석과 반대되는 상황이 빅데이터 분석이다.

	통계 중심의 데이터 분석	빅데이터 시대의 데이터 분석
대상 집단	구조화되고 정형화된 것	유·무형으로 존재하는 모든 것
모집단의 분포 혹은 모형	모수 및 비모수	분포와 모형에 구애받지 않음
표본(Sample) 관찰	모집단에서 선택된 표본을 중심으로 분석	모집단과 표본의 경계를 두지 않음
추론(Inference) 과정	정해진 결론을 증명하는 과정	대상을 보고 도출된 결론을 유추하는 과정

▲ 통계 중심의 데이터 분석과 빅데이터 시대의 데이터 분석의 차이

12장

자연어 처리와 텍스트 마이닝

자연어인데, 자연스럽지 않다
글로써 의미를 찾아가다

자연어 처리와 텍스트 마이닝

정형이거나 비정형이거나

데이터 분석의 핵심 재료는 데이터다. 데이터가 있어야 분석도 하고 결과를 가치로 연결할 수 있다. 그것이 통계 분석이든 빅데이터 분석이든 재료가 있어야 한다. Part 4 진화 II에서는 데이터를 분류하는 기준인 '척도'를 알아봤다. 시대가 급변함에 따라 데이터도 함께 변하고 있다. 이제 데이터를 분류하는 척도뿐 아니라 그 생김새(유형)까지도 고려해야 하는 시기에 접어들었다. 데이터 유형을 구분한다면 어떤 기준 나누어야 할까? 그 답을 찾기 위해 저장storing 개념부터 살펴보자.

필자에게 '데이터가 무엇인가?'라고 묻는다면 '데이터는 현실 세계에 존재하는 모든 것'이라고 답하겠다. 데이터 분석을 할 현실 세계의 모든 것은 머릿속, 데이터베이스, 엑셀 시트 등 어딘가에 저장돼 있다.

자동차를 예로 들겠다. 이 자동차는 현실 세계에 존재한다. 이미지지만 특징적인 부분을 찾아 다음과 같이 정리할 수 있다.

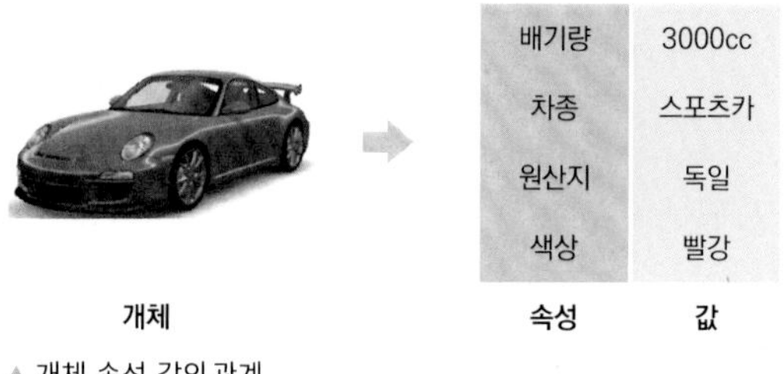

배기량
3000cc
차종
스포츠카
원산지
독일
색상
빨강
개체
속성
값

▲ 개체, 속성, 값의 관계

이처럼 정리한 내용이 바로 '정형 데이터'다. 현실 세계의 모든 것을 확인하고 그 특징인 속성을 구분해 해당 속성에 값을 정리한 것이다. 그래서 사람, 상품, 생각 등 현실 세계의 모든 것은 그들이 가진 속성에 따라 정리할 수 있다.

이런 시각에서 정형과 비정형 데이터의 구분 기준은 속성이다. 정형 데이터는 미리 정해진 속성에 따라 정제해 분류된 데이터를 말하고, 비정형 데이터는 데이터 안에서 속성을 찾아서 의미를 새롭게 부여해야 하는 데이터다. 따라서 정형과 비정형 데이터는 그것이 정해진 속성에 따라 구분되냐 아니냐의 차이가 있다.

비정형 데이터 분석은 정제되지 않은 데이터를 통해 그 안에 품고 있는 속성을 탐사하고 의미를 부여해 가는 과정이다. 비정형 데이터는 날것 그대로다. 비정형 데이터는 그림이나 사진, 동영상, 음악, 문서 등이 있다고 설명하는 것을 종종 봤을 것이다. 맞는 말이다. 그러나 이제부터라도 비정형 데이터를 '아직 속성을 파악하지 못한 데이터'라고 말하면 어떨까?

글로 표현된 모든 것

전박봉 과장의 회사는 올해도 어김없이 새해를 시작하며 시무식을 개최했다. 금년 시무식에서는 대표이사 인사말에서 어느 해보다 결연한 의지를 엿볼 수 있었다. 식을 마치고 인사팀은 대표이사가 강조하고자 한 핵심 키워드를 전 사원에게 공유하고자 인사말에서 핵심 키워드를 찾아 달라고 데이터분석팀에 요청했다.

대표이사의 인사말이 적힌 문서는 아직 그 안에 들어 있는 속성이 정리되지 않은 비정형 데이터였다. 따라서 문서 그대로를 하나의 데이터로 본다면 이제 그 안에 내포된 속성을 찾고 의미를 부여해야 했다.

문서에 포함된 언어는 일반 사회 속에서 서로의 약속에 따라 사용된다. 이렇듯 일상에서 사용하는 언어를 자연어natural language라 하는데, 이러한 자연어의 속성을 파악하는 기법을 자연어 처리natural language processing라고 한다.

인터넷의 보급과 IT 기기가 보편화되기 이전의 데이터 분석은 속성에 따라 구조화된 데이터의 표본을 다루는 데 더 많은 노력과 시간을 투자했다. 그러나 비정형 데이터가 급속도로 증가한 지금은 자연어 처리와 관련한 연구와 노력이 데이터 분석 분야에서도 매우 중요하게 인식되고 있다.

자연어 처리의 범위는 음성과 문서를 모두 포괄하며, 이제 자연어 처리를 넘어 자연어 생성 분야까지 연구가 확대되고 있다. 오늘날 자연어 처리는 인공지능의 중요한 영역으로서 활발히 연구되고 있다. 그러나 자연어 처리 기법은 가히 '신의 영역'이라 할 정도로 아직은 어렵고 난해하다. 이런 이야기를 하는 건 단순히 언어적 기능과 문법의 의미, 패턴, 형태를 반영하는 것을 넘어 이제 언어에 내포된 감정 영역까지 다루기에 하는 얘기다.

우선 자연어 처리를 문서 관점에서 생각해 보자. SNS 글, 언론, 각종 서류, 책 등 우리는 수많은 글을 매일 접하고 있다. 이러한 글로 도출되는 가치는 이루다 설명하기 어려울 정도다. 생각해 보자. 회사 제품이 시장에서 어떤 평가를 받고 있을까? 다리품 팔아 시장조사를 해도 제품이 팔리는 모든 지역의 거래처와 판매처를 조사하기는 어렵다. 그런데 온라인 판매처에 등록된 해당 상품에 대한 댓글을 비정형 데이터로 보고 분석하면 이 제품의 시장 가치를 쉽게 확인할 수 있다. 해당 댓글이 부정적인지 긍정적인지 이분법으로 구분해도 이후의 대응 방안을 세울 수 있다.

자연어 처리가 중요한 이유는 SNS를 비롯한 비정형 데이터가 넘쳐나기 때문만은 아니다. 자연어 처리는 데이터 분석을 위한 사전 작업으로 매우 중요한 비중을 담당할 뿐 아니라 인공지능과도 뗄래야 뗄 수 없는 분야다. 현재의 데이터 분석은 단순한 기법 하나로 가치에 도달하기가 쉽지 않다. 즉, 우리가 원하는 방향으로 데이터가 알아서 속성별로 정리된 구조화된 형태가 되지 않는다는 이야기다. 결국 자연어 처리 기법은 데이터 분석에 앞서는 전처리 과정으로서 매우 중요하다.

앞서 언급했듯이 자연어 처리 분야는 인공지능 분야와 연결된다. 이 책에서 인공지능과 데이터의 관계 또는 데이터가 인공지능에 어떤 영향력이 있는지를 자세히 논하기는 어렵다. 내용이 너무 광범위하고 할 이야기도 많기에 다음을 기약하고 이쯤에서 마무리하겠다.

텍스트 마이닝

텍스트 마이닝text mining은 자연어 처리의 모든 것을 포함하지 않으나 밀접한 관련이 있다. 텍스트 마이닝은 글로 표현된 모든 것을 파악해 그 안에 내포된 의미와 의도, 성향 등을 구별하는 기법이다. 텍스트 마이닝이 빅데이터 분야의 인기 모델이긴 하지만, 꼭 빅데이터 분야에서만 이용하는 것은 아니다. 앞서 소개한 에피소드에서 시무식 인사말로 대변한 하나의 문서나 한 줄의 문장에도 담긴 의미와 의도, 성향은 있기 마련이다. 단순히 양적인 측면에서만 텍스트 마이닝을 활용하지는 않는다.

텍스트 마이닝으로 얻을 수 있는 가치도 생각해야 한다. 앞서 인사말 문서를 텍스트 마이닝하니 '동반'이라는 단어가 총 7회, '협업'은 가장 많은 10회가 나왔다. 그렇다면 '동반과 협업이라는 두 단어가 올해 가장 중요한 키워드일까? 그럴 수 있지만, 단순히 많이 등장했다고 해서 가장 중요하다 할 수 있을까? 텍스트 마이닝 기법까지 사용했으니 충분히 인정받을 만하다 생각하겠지만 필자의 생각은 다르다. 적어도 두 단어가 총 몇 단어 중에서 몇 번 등장했는지 비율도 살펴봐야 하지 않을까?

이것은 텍스트 마이닝으로 도출된 모든 결과가 반드시 가치로 연결되는 건 아니라는 뜻이다. 텍스트 마이닝은 데이터 분석 기법이 아니기 때문이다. 물론 텍스트 마이닝의 결과는 충분히 유용하다. 그러나 여기에 그치지 않고 데이터 분석까지 이어서 하는, 즉 데이터 분석을 위한 전처리로 텍스트 마이닝을 하는 경우가 더 많다. 텍스트 마이닝뿐 아니라 현재 모든 데이터 마이닝은 한 가지 기법만으로 충분히 설명되지 않는 경우가 많다. 여러 복합적인 분석 기법을 활용하는 능력이 데이터 분석가에게 중요하다.

추가로 텍스트 마이닝이 중요한 이유는 일상에서 언어, 즉 자연어로 의사소통을 하기 때문이다. 여기서 언어는 음성과 문자 모두를 말한다. 음성 인식 분야가 빠르게 성장하고 있지만 너무 편리성에만 초점을 두고 발전해 간다. 음성 인식이든 문자 인식이든 분명한 것은 상대방의 의도와 의미를 파악하는 것은 인공지능을 넘어 미래의 가치 창출에 핵심이 될 거란 점이다.

지금까지 텍스트 마이닝의 현재 위치와 의미, 중요성을 살펴봤다. 데이터 마이닝을 넓은 의미로 보면 데이터 분석을 하기 위해 데이터를 구조화하는 작업이라고 할 수 있다.

데이터 마이닝의 의미를 설명하려다 보니 범위가 너무 넓어 부득이하게 텍스트 마이닝으로 설명했다. 이 짧은 글 속에서 데이터 마이닝과 텍스트 마이닝의 모든 것을 이해하기는 어렵다. 다만 데이터 마이닝과 텍스트 마이닝은 데이터 분석 기법은 아니지만, 다양한 데이터 유형과 데이터 분석을 위한 처리 과정이라 그냥 지나칠 수 없어 짧게나마 살펴보았다.

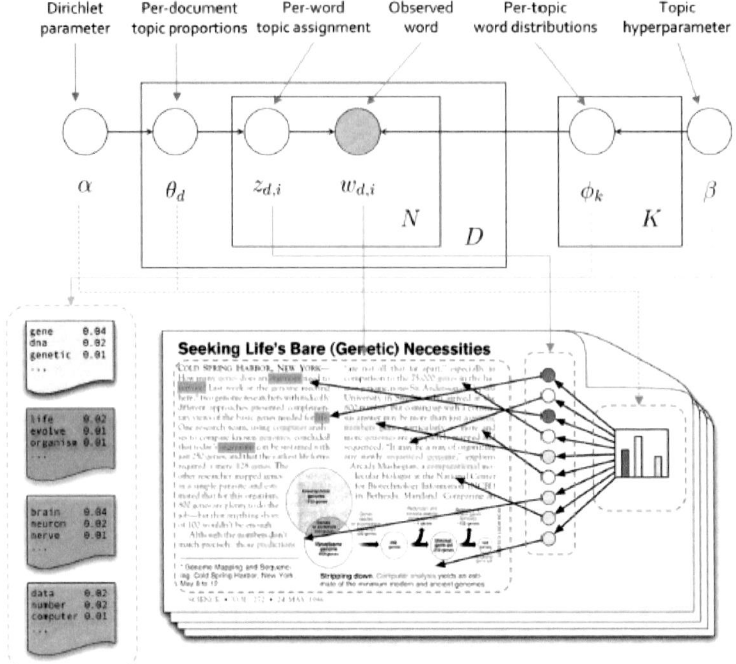

▲ 텍스트 마이닝을 활용한 토픽 모델링 연구 사례[1]

1 「Identifying core topics in technology and innovation management studies: A topic model approach」 H.Y. Lee, P.S. Kang (2017), Journal of Technology Transfer

Q7 머신러닝과 딥러닝은 무엇인가요?

A 머신러닝machine learning과 딥러닝deep learning은 모두 데이터를 활용해 인간의 지시 없이 작동하는 알고리즘이라 보면 된다. 데이터를 재료로 활용하지만 진행 과정은 컴퓨터과학에 더 가깝다. 이 알고리즘은 새로운 신호(데이터)가 들어오면 자동으로 계산하고 판단해 실행에 옮긴다.

그런데 이미 앞에서 다 설명했다. 알아서 판단하고 알아서 결정하는 알고리즘. 너무 간단하니 차이점을 들어 좀 더 자세히 설명해 보겠다.

어린 아이의 판단 방식을 생각해 보자. 필자의 관점에서 무언가를 판단해야 하는 대상이 입력되었을 때 아이의 판단 방식은 크게 두 가지로 나뉜다. 입력된 대상을 이전에 경험한 적이 있는가와 없는가다. 첫 번째는 경험이 없는 경우다. 나이가 어릴수록 경험이 부족하다. 그래서 아이는 질문을 수없이 던진다. 입력된 대상에 대해 판단할 만한 경험이 없으면 아이는 질문을 통해 답을 찾거나 새로운 경험으로 받아들이고 문제를 해결한다. 이것이 일반적인 데이터 분석이다. 즉, 전혀 경험하지 않았던 질문의 해답을 찾는 경우다.

그러면 경험이 있는 경우는 어떨까? 아이는 단순하다. 입력된 대상이 과거 경험을 바탕으로 충분히 해석 가능하면 그 경험에서 나왔던 결과를 기반으로 판단을 한다. 이때 경험은 깊이의 차이를 보인다. 단 한 번의 경험한 것과 오랜 경험에 의한 판단에는 분명 차이가 있다. 또한 경험이라는 '스냅샷snapshot'은 단편적으로 이루어진다. 반복된 경험이 누적될수록 판단은 빨라지며, 다양한 경험을 할수록 판단할 수 있는 가치가 많아진다. 이것이 머신러닝이다. 알고리즘을 통해 이후 발생되는 사건과 신호를 인간의 개입 없이 스스로 판단해 결론을 도출한다. 아이는 성장하며 반복적으로 경험하며 다양한 종류의 경험이 누적된다. 아이가 성장해 어른이 되면 판단할 수 있는 가치가 그만큼 늘어난다. 머신러닝 역시 데이터가 누적되고 다양한 종류의 신호를 통해 반복적인 결과를 도출할 수 있다면 그 효용성은 올라갈 것이다. 이것은 빅데이터의 힘이다.

하지만 어른이 된다고 모든 경험을 다 하는 것은 아니다. 사람에 따라, 환경에 따라 경험은 다양해진다. 하지만 경험하지 못한 것을 판단해 결론을 찾아야 하는 순간도 있다. 옳고 그름을 떠나서 반드시 결론을 도출해야 하는데 이것이 바로 딥러닝이다. 알고리즘이 사람이라면 이 순간 어떤 결론을 도출할 것인가? 딥러닝은 이 해답을 사람의 개입 없이 오로지 방대한 양의 데이터를 통한 학습으로 찾아낸다.

손을 댄 적이 있어서 불에 손을 대지 않는 건 '불이 뜨겁다'라는 사실적 경험에 나오는 것이다. 이것이 머신러닝이다. '저 붉게 타오르는 것에 사람들이 손을 대지 않는 것을 보니 아무래도 좋지 않는 물질인 것 같아. 난 손을 대지 않겠어.' 이것은 딥러닝이다.

6부

변이 Ⅱ

13장

관계 1

친구따라 강남간다

관계 1

집합

13장은 수학 교과서의 1장을 장식하던 '집합' 이야기다. 집합은 이 장에서 주요하게 살펴볼 연관규칙 분석association rule analysis의 기초가 되는 개념이다. 그중 교집합은 집합 내 데이터가 얼마나 중복되는지를 판단하는 기준으로, 유사도를 측정하는 공식으로도 두루 사용된다. 예를 들어, 독립적인 데이터 집합 속에서 특정 데이터가 중복될 확률이 높으면 두 데이터 집합은 유사성이 높고 연관성이 크다고 할 수 있다.

앞서 유사도 측정 방법으로 거리에 따른 유사도 측정 공식을 알아봤다. 이번에는 중복된 비율에 따라 유사도를 측정하는 자카드 유사도jaccard similarity를 살펴본다. 자카드 유사도 공식은 간단하다. 교집합의 크기를 구하고 이를 합집합의 크기로 나누는 것이다.

$$J(A,B) = \frac{A \cap B}{A \cup B}$$

바로 본론으로 들어가 보자. 문서 간 유사도를 측정하고자 다음과 같이 핵심 키워드를 선별한 문서 4개가 있다.

- 문서 A = (사과, 딸기, 바나나, 수박, 귤, 감, 배, 복숭아)
- 문서 B = (복숭아, 키위, 멜론, 사과, 참외, 망고, 자몽)
- 문서 C = (자몽, 바나나, 딸기, 사과, 파인애플, 감)
- 문서 D = (키위, 참외, 수박, 복숭아, 망고, 귤, 딸기, 파인애플)

먼저 문서 간 교집합을 정리해 보자. 각 교집합의 개수는 각각 2, 4, 4, 2, 4, 2개다.

- A∩B = (사과, 복숭아), A∩C = (바나나, 딸기, 사과, 감)
- A∩D = (수박, 복숭아, 귤, 딸기), B∩C = (자몽, 사과)
- B∩D = (키위, 복숭아, 망고, 참외), C∩D = (파인애플, 딸기)

다음으로는 합집합을 정리한다. 각각 13, 10, 12, 11, 11, 12개다.

- A∪B = (사과, 딸기, 바나나, 수박, 귤, 감, 배, 복숭아, 키위, 멜론, 참외, 망고, 자몽)
- A∪C = (사과, 딸기, 바나나, 수박, 귤, 감, 배, 복숭아, 자몽, 파인애플)
- A∪D = (사과, 딸기, 바나나, 수박, 귤, 감, 배, 복숭아, 키위, 참외, 망

고, 파인애플)

- B∪C = (복숭아, 키위, 멜론, 사과, 참외, 망고, 자몽, 바나나, 딸기, 파인애플, 감)
- B∪D = (복숭아, 키위, 멜론, 사과, 참외, 망고, 자몽, 수박, 귤, 딸기, 파인애플)
- C∪D = (자몽, 바나나, 딸기, 사과, 파인애플, 감, 키위, 참외, 수박, 복숭아, 망고, 귤)

교집합과 합집합의 크기를 구했으니 자카드 유사도 공식에 대입해 값을 구한다. 문서 간 유사도는 다음과 같다.

- J(A, B) = 0.15, J(A, C) = 0.4, J(A, D) = 0.33
- J(B, C) = 0.18, J(B, D) = 0.36, J(C, D) = 0.17

이 결과에 따라 문서 A와 C가 가장 유사한 함을 확인할 수 있다. 유사도를 측정하는 데는 거리 계산을 이용할 수도 있지만, 이처럼 중첩 비율을 이용해 유사도를 구할 수도 있다.

그런데 여기서 한 가지 생각해 볼 문제가 있다. 설명하기 쉽게 과일 이름을 데이터로 활용하겠다. 각각의 데이터를 비교해 유사도를 측정하자. 그러면 두 개의 데이터를 묶어 하나의 데이터를 만들 때는 어떨까? 예를 들면 다음과 같은 경우다.

- 문서 A = {(사과, 딸기), (사과, 바나나), (사과, 수박), (사과, 귤), (사과, 감), (사과, 배), (사과, 복숭아), (딸기, 바나나), (딸기, 수박), (딸

기, 귤), (딸기, 감), (딸기, 배), (딸기, 복숭아), (바나나, 수박), (바나나, 귤), (바나나, 감), (바나나, 배), (바나나, 복숭아), (수박, 귤), (수박, 감), (수박, 배), (수박, 복숭아), (귤, 감), (귤, 배), (귤, 복숭아), (배, 복숭아)}

나머지 문서 B, C, D도 이처럼 두 개의 데이터가 묶여 있다고 가정하면 자카드 유사도를 적용해 유사도를 측정할 수 있다. 데이터가 3개나 4개 또는 그 이상으로 묶여 있어도 가능하다.

그런데 자카드 유사도 공식은 전체 대비 중첩 비율만을 고려한다는 문제점이 있다. 데이터가 2개 이상 묶여도 그 묶음 자체를 또 다른 하나의 데이터로 보고 유사도를 측정하는 셈이다. 데이터를 사건으로 본다면 특정 사건이 발생할 때 동시에 발생할 수 있는 사건을 확인하는 상대성, 다시 말하면 조건부 확률값을 취할 수는 없다. 즉, 사과가 출현할 때 딸기가 동시에 출현할 확률은 고려되지 않는다.

무슨 말이지 잘 이해되지 않을 수도 있다. 그래서 자카드 유사도보다 진일보한, 조금 더 복잡한 연관규칙 분석으로 상대성, 조건부 확률 등이 무엇인지부터 살펴보자.

연관규칙

현실 세계를 유심히 들여다보면 일정한 패턴에 따라 움직인다는 것을 알게 된다.

A는 언제나 치킨을 먹을 때 콜라 대신 사이다를 마신다. B도 치킨을 먹을 때 콜라 대신 사이다를 마신다. A, B는 치킨을 먹을 때 사이다를 마신다는 공통점이 있다. 이러한 사실로 볼 때 오늘 친구인 C가 A, B를 함께 만나 치킨을 먹는다면 사이다를 먹을 확률이 높다는 가정을 할 수 있다.

이처럼 반복적인 패턴을 찾아 특정 사건이 동시에 일어나는 규칙을 탐색하는 데이터 분석 방법이 연관규칙 분석association rule analysis이다. 다시 말해, 특정한 사건 A가 발생하는 동시에 사건 B가 발생하는 확률이 얼마나 되는지를 찾아내는 분석이다. 연관규칙 분석은 앞서 이야기한 집합 이론에 기초해 확률적인 값으로 표현하는 대표적인 분석 기법이다.

미국의 대형유통 체인인 월마트는 목요일에 맥주 판매량이 급증했는데 이때 아기 기저귀 판매량도 함께 상승한다는 사실을 발견했다. 그 뒤로 월마트는 한동안 맥주 판매대에 기저귀를 함께 진열했다. 어울릴 것 같지 않은 이 두 상품이 동시에 함께 팔리는 이유는 무엇일까? 주로 맥주를 소비하는 고객층은 남자인데 부부가 함께 쇼핑을 왔을 때 기저귀 같은 무거운 상품을 함께 구매하기 때문이라고 한다.

이처럼 소비자 구매 데이터를 분석해 함께 팔리는 품목을 상품 배치에 활용하는 것을 장바구니 분석Market Basket Analysis, MBA이라고 한다. 이러한 연관규칙 분석은 마케팅 분야에서 널리 활용되고 있다.

- 백화점을 찾는 연령대별, 계층별 고객의 구매 성향은 어떨까?
- 호텔 투숙 고객은 주로 어떤 룸서비스를 이용할까?
- 지역별 신용카드 소비유형은 어떨까?
- 특정 지역으로 해외여행을 다녀온 고객의 다음 여행지는 어디일까?
- 할인 행사를 찾은 고객의 주요 구매 상품은 무엇일까?

이것은 연관규칙 분석의 단편적인 예일뿐 그 활용도는 무궁무진하다. 지금은 그 활용도가 너무나 폭넓기 때문에 특정 분야만이 아니라 거의 모든 분야에서 활용되고 있다. 연관규칙 분석은 구현이 쉽고 결과를 해석하기 쉬운 장점 덕분이다.

연관규칙 분석의 핵심은 특정 사건 시 동시에 발생하는 사건을 발견하는 것이다. 좀 더 구체적인 사례를 통해 분석 과정을 들여다보자.

최근 몇 개월간 전박봉 과장의 회사에서 생산되는 제품의 불량률이 급격히 증가했다. 그 원인을 고민하던 생산팀은 공정과 인력에는 문제가 없었다. 결국 사용되는 부품에 문제가 있다는 결론에 도달했다. 데이터분석팀에 사용 중인 부품 분석을 의뢰했다. 분석의 첫 번째 단계로 최근 급격히 불량률이 높아진 제품 10개를 선별했다. 그리고 해당 제품의 생산 과정에 투입된 부품을 다음과 같이 정리한 후 연관규칙 분석을 통해 원인을 찾기로 했다.

이와 같이 총 10개의 제품에서 부품 A와 B 둘 다 사용된 제품은 2개(제품 4와 제품 8)다. 그러면 전체 제품에서 부품 A와 B가 동시에 투입될 비율은 2/10이므로 0.2(20%)가 된다. 이렇게 전체 사건에서 특정 사건이 동시에 발생할 확률을 연관규칙 분석에서 지지도support라 한다.

부품	A	B	C	D	F
제품 1	○		○	○	
제품 2	○		○		
제품 3			○	○	○
제품 4	○	○	○	○	
제품 5			○	○	
제품 6	○		○		
제품 7	○			○	
제품 8	○	○		○	
제품 9			○	○	○
제품 10	○		○		

▲ 제품별 부품 사용내역

$$\text{지지도(support)} = \frac{\text{사건 A \& 사건 B}}{\text{전체 발생 사건 수}} = P(A \cap B)$$

여기까지는 앞서 설명한 자카드 유사도와 다르지 않다고 할 수 있다. 그러나 지지도는 동시 발생 비율을 전체 사건의 수로 나눈 값이라 방향성이 없다. 다시 말하면, 부품 A와 B는 어떤 부품이 먼저 투입되든 상관없이 두 부품이 동시에 활용되는 경우의 수다.

따라서 A가 먼저 투입되고 난 뒤에 투입되는 부품이 어떤 것인지를 판별하는 조건부 확률을 구하면 좀 더 정확한 가치를 찾을 수 있다. 이를 연관규칙 분석에서는 신뢰도[confidence]라고 한다.

$$\text{신뢰도(confidence)} = \frac{\text{사건 A \& 사건 B}}{\text{사건 A}} = P(A \cap B)/P(A) = P(A|B)$$

부품 A가 투입되는 제품은 총 7개다. 따라서 부품 A, B가 동시에 투입되는 사건의 신뢰도를 구하면 2/7이므로 0.286이 된다. 부품 A가 투입된 후 부품 B가 투입되는 제품은 약 29%의 확률, 즉 대략 3~4개 중 1개의 확률로 불량이 발생한다는 의미다.

그런데 이렇게 도출된 신뢰도 결과가 과연 활용할 만한 가치가 있는 것일까? 이러한 연관규칙 분석 결과가 유의미한지를 판단하는 기준을 향상도[lift]라 부른다. 향상도는 결과가 과연 우연으로 발생한 것인지를 판단한다.

$$\text{향상도(lift)} = \frac{\text{사건 A \& 사건 B의 신뢰도}}{\dfrac{\text{사건 B}}{\text{전체 발생 사건 수}}} = P(A|B)/S(B)$$

향상도는 구한 신뢰도 값을 조건 A와 대칭이 되는 상대 값의 전체 대비 출현 비율로 나눈 값이다. 부품 A, B가 동시에 투입되는 사건의 신뢰도는 0.286이고 부품 B가 들어가는 제품은 2개이므로 향상도는 다음과 같다.

$$\text{부품 A, B의 향상도} = \frac{0.286}{\dfrac{2}{10}} = 1.43$$

향상도는 그 값이 정확히 1이 나오면 두 사건은 서로 완전히 독립적이라고 하고 1보다 작으면 음의 상관관계, 1보다 크면 양의 상관관계라고 한다. 따라서 향상도 값이 1보다 크면 그 값만큼 긍정적인 연관관계라고 본다. 앞서 부품 A, B의 향상도가 1.43이므로 두 부품이 1.43배의 연관관계가 있다는 유의미한 결과로 해석할 수 있다.

Fast Algorithms for Mining Association Rules

Rakesh Agrawal Ramakrishnan Srikant*

IBM Almaden Research Center
650 Harry Road, San Jose, CA 95120

Abstract

We consider the problem of discovering association rules between items in a large database of sales transactions. We present two new algorithms for solving this problem that are fundamentally different from the known algorithms. Experiments with synthetic as well as real-life data show that these algorithms outperform the known algorithms by factors ranging from three for small problems to more than an order of magnitude for large problems. We also show how the best features of the two proposed algorithms can be combined into a hybrid algorithm, called AprioriHybrid. Scale-up experiments show that AprioriHybrid scales linearly with the number of transactions. AprioriHybrid also has excellent scale-up properties with respect to the transaction size and the number of items in the database.

▲ 연관규칙 분석이 발표된 논문의 요약부(「Fast Algorithms for Mining Association Rules」R Agrawal, R Srikant (1994), VLDB)

연관규칙 분석은 인기에 비해 역사가 그리 길지 않다. 연관규칙 분석은 1993년 인도 출신의 컴퓨터공학자 라케시 아그라왈Rakesh Agrawal 과 그의 동료들이 처음 거론하면서 주목을 받았다. 특히 1994년 발표한 「연관규칙 분석을 위한 가장 빠른 알고리즘」 논문은 엄청난 인용수는 물론 데이터 관련 논문 중에서도 가장 영향력 있는 논문으로 평가받고 있다.

〈표 8〉 내적 요인 분석에 대한 연관성 분석 결과[6]

내적 영향 요인	세부항목	시청률	지지도	신뢰도	향상도
방송사	KBS	HIGH	0.0850	0.2658	1.7278
	MBC	LOW	0.2186	0.6666	1.1435
	SBS	MID	0.1133	0.3218	1.2229
장르	HomeDrama	LOW	0.0526	0.3421	2.2236
	HistoricalDrama	LOW	0.1012	0.6410	1.0995
편성요일/방송시간	E.D Drama(일일드라마)	LOW	0.0688	0.5862	1.0055
	M.T Drama(월화드라마)	MID	0.0931	0.3538	1.3446
	S.S Drama(주말드라마)	LOW	0.1417	0.6034	1.0350
	W.T Drama(수목드라마)	LOW	0.1902	0.6266	1.0749
동시출현 요인	KBS → HomeDrama	HIGH	0.0526	0.7647	4.9705
	KBS → M.T Drama	LOW	0.0688	0.6800	1.1663
	MBC → MeloDrama	LOW	0.0728	0.6206	1.0646
	MBC → S.S Drama	LOW	0.0566	0.6666	1.1435
	MBC → W.T Drama	LOW	0.1012	0.8928	1.5314
	SBS → MeloDrama	LOW	0.1012	0.6410	1.0995
	SBS → S.S Drama	LOW	0.0607	0.6818	1.1695
	MeloDrama → S.S Drama	LOW	0.0566	0.6086	1.0440
	MeloDrama → W.T Drama	LOW	0.0647	0.7619	1.3068
	RomanticDrama → M.T Drama	LOW	0.0607	0.6250	1.0720

▲ 연관규칙 분석을 진행한 연구의 예 (「연관 규칙 분석을 이용한 시청률 분석 연구 : 지상파 드라마를 중심으로」전익진, 은혜정 (2014), 한국언론학보, 58 (5))

14장

관계 2

관련된 모든 것을 연결하라

관계 2

네트워크 사회

고대 그리스의 유명한 철학자 아리스토텔레스(Aristotle, 기원전 384~322)는 "인간은 사회적 동물이다."라고 했다. 이 말은 인간은 서로 관계를 맺고 살아가며, 인간이 모여 이룬 사회 속에서만 인간으로 인정받을 수 있다는 의미다. 무인도에 혼자 떨어져 살지 않는 이상 인간은 사회 속에서 관계를 맺고 살 수밖에 없는 존재다.

과거의 인간관계와 현재의 인간관계는 시공간을 초월한다는 점만 다를 뿐이다. 이게 무슨 말이냐고? 1990년대 이후 급격히 확산된 정보화 사회 이야기다. 요즘은 단순히 얼굴 맞대고 이야기해야만 관계가 형성되는 것이 아니다. 소셜 네트워크 서비스social network service, SNS를 통해 몇 번의 클릭만으로 얼굴 한 번 본적 없는 사람과도 관계를 형성할 수 있다. 이런 특수한 사회적 관계 속에서 말실수나는 사진 한 번 잘못 올려도, 그것이 과거의 일일지라도 곤욕을 치룰 수 있다.

▲ 아리스토텔레스 조각상[1]

정보화 네트워크의 급속한 발전에 따른 시대적 흐름은 사회적 네트워크의 발전과 변화도 함께 가져왔다. 스페인의 저명한 사회학자 마누엘 카스텔(manuel castells, 1942)은 그의 저서 『네트워크 사회의 도래The Rise of the Network Society』에서 네트워크 사회는 단순히 조직 구성에 한정되는 것이 아니고 정치, 경제, 사회 전반에 영향을 주고 끊임없이 변화하며 통합, 분리의 과정을 거쳐 새로운 네트워크 사회를 이룬다고 설명했다. 또한, 네트워크 사회는 매우 역동적이며 다방향으로 끊임없이 뻗어 나간다고 한다.

카스텔이 말하는 정보화 사회의 네트워크 훨씬 이전부터 네트워크 사회는 존재했다. 굳이 설명하지 않아도 이는 자명한 사실이다. 작게는 가족부터 학교, 직장, 종교, 이념, 국가 등 모든 것이 네트워크다. 네트워크를 형성한 구성원의 숫자나 규모를 떠나서 인간 사회는 어쩌면 처음부터 네트워크 사회였는지 모른다.

인간 사회는 네트워크 사회라는 걸 인간의 호기심이 가만 놓아둘 리

1 위키피디아 commons.wikimedia.org/wiki/File:Aristotle_Altemps_Inv8575.jpg

▲ 『네트워크 사회의 도래』 마누엘 카스텔, 한울아카데미 (2014)

가 없다. 인간은 아주 오래전부터 네트워크를 형성한 구성원 간의 관계와 성향, 패턴 등의 특성을 파악하고자 사회학을 중심으로 꾸준하게 연구했다. 사회학적 관점에서 출발해 지금은 사회학뿐만 아니라 모든 분야에서 활발히 활용되는 네트워크를 이용한 데이터 분석 기법이 바로 사회 연결망 분석social network analysis, 이하 네트워크 분석이다.

이 책에서 마지막으로 소개하는 데이터 분석 기법인 네트워크 분석은 현재 데이터 분석 분야에서 '뜨거운 감자'와도 같다. 그 인기만큼이나 매력적인 네트워크 분석의 세계로 떠나보자.

네트워크 분석

네트워크 분석은 인간과 인간 사이의 관계, 아니 이를 넘어 독립적인 사건의 관계 속에서 발생하는 현상을 찾는 분석 기법이다. 앞서 밝힌 바와 같이 네트워크 분석은 아주 '핫'하다. 필자 역시 이 기법을 자주 사용한다.

네트워크 분석은 우리 주변의 모든 것을 대상으로 한다. 이렇게 다양한 대상을 중심으로 상호 간의 관계를 파악해 추출된 특성을 분석한다. 대상 간의 상호 관련성을 명확히 할 수 있다는 장점과 풍부한 가치 창출, 무엇보다도 가시적 모형까지 완벽하게 제공해 매우 많은 분야에서 쓰이고 있다.

네트워크는 분석 대상이 있고 대상 간의 관계를 형성하는 것에서 출발한다. 네트워크는 대상을 나타내는 노드node와 대상 간의 관계를 나타내는 링크link 또는 relationship로 구성된다.

노드는 분석 대상이 있어야 분석할 수 있으니 크게 고려할 부분은 아니다. 네트워크 분석의 핵심은 상호관계 설정이다. 상호관계를 연결 강도로 정의하려면 그 관계가 얼마나 강한지 약한지를 파악해야 한다. 한 번 본 사람과 자주 만난 사람과의 관계는 연결 강도가 확연히 다르다. 그래서 대상 간의 링크를 구성할 때는 유사도, 상관계수 또는 연관규칙의 신뢰도 등과 같은 부수적인 관계 설정 값이 반드시 주어져야 한다.

관계에는 방향성이 있다. 이것은 이성 간의 사랑을 생각하면 쉽게 알 수 있다. 내가 누군가를 짝사랑한다면 이는 한쪽 방향으로 흐르는 단방향성의 관계고 서로가 사랑하면 양쪽 모두로 방향이 형성되는 양방향성을 가지게 된다.

자, 이렇게 네트워크를 구성하는 노드와 링크, 링크에서 나타나는 연결 강도와 방향성까지 네트워크 분석의 기본 준비물이 마련됐다. 이제 사례를 통해 네트워크 분석의 핵심을 살펴보자. 이 책 내내 바쁘게 움직인 전박봉 과장에게 휴가를 주는 차원에서 이번에는 좀 더 현실적인 데이터로 설명해 보겠다.

바로 영화다. 필자가 인상깊게 본 영화 속 인생 캐릭터를 연기한 대한민국의 남녀 배우 각 5명을 선택해 봤다. 먼저 남자 배우다. 첫 번째 배우는 송강호다. 이창동 감독의 「초록물고기」에서 연기한 캐릭터 판수는 잊을 수 없다. 두 번째도 이창동 감독의 영화인데, 「박하사탕」의 설경구다. 세 번째는 김지운 감동의 「달콤한 인생」의 이병헌이고, 네 번째는 손이 눈보다 빠른 최동훈 감독의 「타짜」의 조승우다. 마지막은 윤종빈 감독 「비스티 보이즈」의 찌질남 하정우다.

여자 배우는 오승욱 감독의 영화 「무뢰한」에서 안주로 얼음을 깨어 물던 전도연이 첫 번째다. 두 번째, 세 번째는 감독이 같은데 곽재용 감독의 영화 「엽기적인 그녀」의 전지현과 「클래식」의 손예진이다. 네 번째는 최동훈 감독 「타짜」의 이대 나온 여자 김혜수다. 마지막은 백종열 감독의 「뷰티인사이드」에서 열연한 한효주다. 아 이거 왠지 나이가 들통 나는 기분이다.

필자가 좋아하는 배우들을 나열하려는 게 아니라 이 배우들로 네트워크 분석을 하려고 한다. 선정된 10명의 배우는 대상, 즉 노드가 된다. 각 노드의 관계인 링크를 설정해야 하는데, 배우 간 관계성을 뽑기 위해 함께 출연한 영화를 따져봤다. 함께 출연한 영화가 있으면 1로 표기하는 것이다.

이 표에서는 편의를 위해 함께 출연한 영화를 관계로 설정했다. 서로 방향성은 있으나 연결 강도(주연, 조연 등의 가중치)는 표현할 수는 없다. 따라서 방향성을 고려하되 연결 강도를 나타내지는 않는다. 다음으로는 각 배우 간 관계를 바탕으로 다음과 같은 그림을 그린다.

그림이 바로 네트워크 분석으로 도출한 가시적인 결과다. 그림으로 확인해 보니 조승우와 전도연이 선별된 배우 간 동시 출연 영화가 가장 많았다. 물론 매우 적은 데이터로 네트워크를 작성했기 때문에 수

	송강호	전도연	설경구	전지현	이병헌	손예진	조승우	김혜수	하정우	한효주
송강호		1			1		1	1		
전도연	1		1		1				1	1
설경구		1				1				1
전지현							1	1	1	
이병헌	1						1			1
손예진			1				1			
조승우	1			1	1	1		1		
김혜수	1			1			1			
하정우		1		1						1
한효주		1	1		1				1	

▲ 배우들이 함께 출연한 영화 수

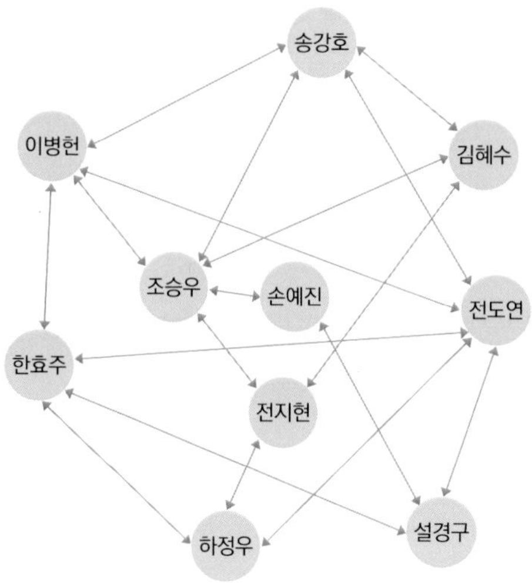

▲ 배우들이 함께 출연한 영화 수를 기준으로 한 배우 간 네트워크

작업이 가능했지만, 데이터가 30개만 넘어도 일일이 그려서 표현하기가 쉽지 않다. 그러나 걱정할 필요는 없다. 이를 도와주는 네트워크 분석 도구는 많다.

네트워크 분석에서는 그림도 중요하지만, 분석으로 어떤 가치를 도출할 수 있는지 의미를 찾는 것이 더 중요하다. 네트워크 분석에서는 노드, 즉 분석 대상이 얼마나 중심적인 위치를 차지하는가를 판단하는 관점인 중앙성centrality(또는 중심성)이 있다. 중앙성은 독립성independence, 자율성autonomy, 지배력dominace, 영향력influence 등을 포괄해 설명한다. 이 네트워크에서 중심으로 표현되는 위치는 다음 세 가지 관점으로 찾을 수 있다.

먼저 쉽고 빠르게 계산되는 연결degree 중앙성이다. 연결 중앙성은 특정 노드가 다른 노드들과 얼마나 직접 연결됐는지를 판단하는 값이다. 연결 중앙성은 네트워크에서 직접적인 관계의 깊고 낮음을 가늠한다. 연결 중앙성이 높을수록 네트워크에서 중요한 위치에 있다고 판단할 수 있으며, 전체 노드의 개수에서 해당 노드와 연결된 링크 개수의 비율로 측정한다. 앞의 그림에서 조승우와 전도연은 각각 5개의 링크가 있고 전체 노드의 개수가 10개이므로 이들의 연결 중앙성은 0.5(5/10)다.

다음으로 인접closeness(또는 근접) 중앙성이다. 이는 특정 노드와 직접 연결된 연결 중앙성과는 달리 간접적으로 연결된 관계를 고려하는 것이다. 인접 중앙성이 높으면 주변 노드와의 교류가 그만큼 활발하다는 것이며 반대로 낮으면 그만큼 독립적이거나 고립된 관계에 있다고 판단한다. 중요한 노드일수록 다른 노드까지 도달하는 경로가 짧으므로 특정 노드에서 출발해 네트워크의 노드들이 얼마나 가까이 위치해 있는지를 확인한다. 인접 중앙성은 해당 노드와 다른 노드 간의 거리의 역수[2]로 측정한다.

예를 들어 조승우를 중심으로 네트워크를 그려 각 노드와의 최단 거리의 총합을 계산해 보자. 조승우에서 출발해 각 노드까지의 최단 거리는 다음 그림과 같으며 그 거리의 총합은 (1×5)+(2×4)=13이다. 13의 역수를 계산하면 조승우의 인접 중앙성은 0.077이다.

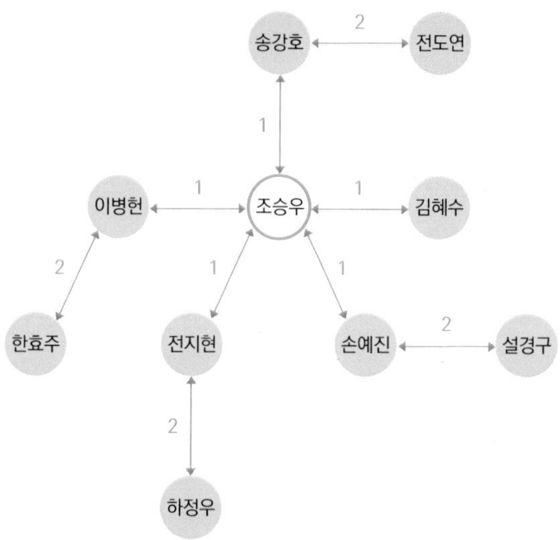

▲ 조승우를 기준으로 한 각 노드까지의 최단 거리

마지막으로 사이betweenness(또는 매개) 중앙성이다. 사이 중앙성은 네트워크에서 특정 노드가 다른 노드 간의 중개자 역할을 수행하는 정도를 의미한다. 인접 중앙성은 다른 노드와의 최단 거리로 계산되지만, 사이 중앙성은 네트워크에서 해당 노드가 최단 경로에 위치한 비율로

---

2 두 수를 곱해 1이 되는 수. 만약 x=1/2이라면 역수는 2가 된다.

계산된다. 즉, 해당 노드가 다른 노드와 노드가 연결될 때 최단 경로에 포함되는 횟수를 측정한다. 따라서 네트워크의 영향력을 판단하는 기준으로 활용한다. 역시 조승우를 기준으로 해당 노드를 최단 경로로 가질 수 있는 네트워크는 다음과 같다. 여기서 송강호, 이병헌, 김혜수 이 세 배우는 조승우를 경유해 다른 배우와 최단 거리를 가진다.

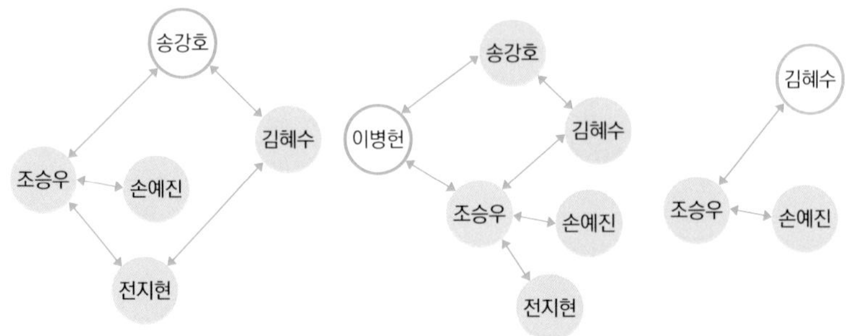

▲ 조승우를 최단 경로로 하는 네트워크

송강호에서 손예진으로 가는 경로는 유일하므로 1이 되고 송강호에서 전지현으로 가는 경로는 복수의 경로가 있으므로 1/2(0.5)이 된다. 이병헌도 손예진과 전지현에게 가는 경로가 조승우를 경유하는 경로가 유일하므로 각각의 값이 1이고, 김혜수에게 가는 경로는 복수의 경로가 있으므로 0.5가 된다. 마지막으로 김혜수는 손예진에게 다다르는 경로는 유일하므로 1이다. 이렇게 도출된 모든 횟수를 구하면 5가 되며, 이것이 배우 조승우의 사이 중앙성 값이 된다.

앞서 설명한 대로 노드 개수와 링크가 적으면 각각의 중앙성을 손수 계산할 수 있지만, 그 크기가 커지면 연결 중앙성을 제외한 인접 중앙성과 사이 중앙성은 쉽게 계산할 수 없다. 이 예시에서도 사이 중앙성은 계산하기가 매우 복잡하다. 모든 분석 기법이 그렇지만 특히 네트워크 분석은 가시성을 장점으로 생각할 수 있다. 하지만 전혀 그렇지 않다. 반드시 분석 도구를 사용해 도출해야만 정확한 값을 찾을 수 있다. 물론 네트워크 분석 역시 데이터 분석을 전문적으로 다루는 사람들이 알아서 할 일이다. 최근 인기 있는 데이터 분석 기법으로 네트워크 분석이 있으며 이를 통해 도출되는 값으로 중앙성이 대표적으로 사용된다는 걸 아는 것이 중요하다.

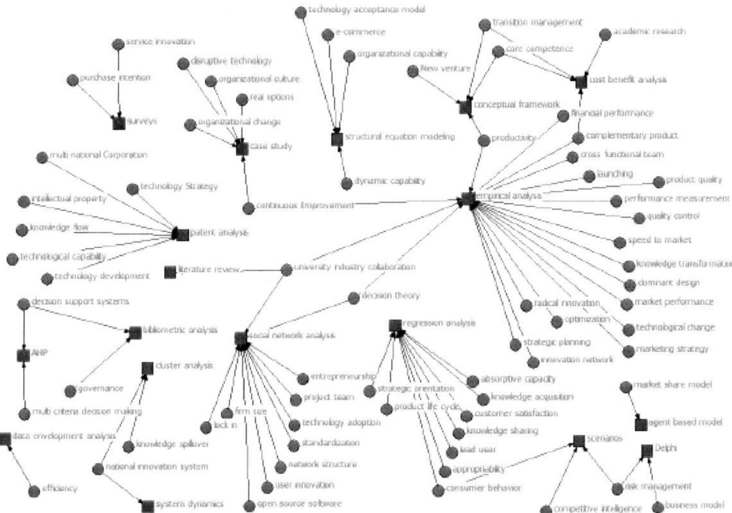

▲ 네트워크 분석을 진행한 연구의 예, 「연관규칙 기반 동시출현단어 분석을 활용한 기술경영연구 주제 네트워크 분석」 전익진, 이학연(2016), 기술혁신연구, 24(4)

Q8 데이터 분석 분야의 전망은 어떤가요?

A 기술 기반 산업의 미래는 불투명하다 생각한다. 이렇게 말하는 이유는 해당 분야를 무시해서가 아니니다. 하루가 다르게 변하는 세상을 보며 느끼는 단순한 감정일 뿐이다. 모두 빅데이터를 이야기하지만 내일 일어나면 빅데이터를 뛰어넘는 새로운 기술 용어가 등장할지 모른다.

빅데이터라는 용어에 대한 무한 신뢰는 없지만, 우리가 삶을 살아가는 한 데이터 분석이라는 용어는 사라지지 않을 것이다. 우리가 어떤 관점에서 데이터를 바라보느냐의 차이만 있을 뿐이다. 분명한 것은 우리가 다루어야 할 데이터가 늘면 늘었지 분명 줄어들지 않을 것이다. 개인의 삶도 분석 대상이 되는 세상에서 세상 모든 것이 데이터이듯 이 세상의 모든 것은 분석 대상이 될 것이다.

최신 트렌드를 따라 머신러닝이나 딥러닝 같은 복잡한 분석 기법에 관심을 두기보다는 먼저 데이터와 친숙해지기를 부탁드린다. 필자처럼 데이터와 함께 살기를 희망하는 분들에게 당부하고 싶은 말은 트렌드에 따라 움직이지 말라는 것이다. 너무 부정적인가? 세상은 빠르게 변한다. 하지만 데이터와 데이터 분석은 변함없이 필요할 것이다. 결론적으로 전망은 '매우 맑음'이다.